Review a constitution

Persian version

First Volume

Articles 1-52

MOHAMMAD HOSSEIN SHAFIEI

Copyright © 2019 M.H SHAFIEI
All right reserved

بررسی و نقد یک قانون اساسی

جلد اول

اصل اول تا اصل پنجاه و دوم

محمدحسین شفیعی

Author introduction

Somebodies believe that philosophical definitions and concepts should be passed on and practical ways for attaining prosperity should be reviewed. The point is that these are the concepts that give rise to action, and that if there is no precise definition of the concept before the action is taken, the goal and action will certainly be wrong. It is very important in the constitution of a country that is the reference to other legislatures to use the correct intellectual and philosophical concepts. In fact, the basis of this law must be based on philosophical reasoning so that other laws that are enacted and measured by the constitution have less error. One of the most important concepts considered by the constitution, and consequently the state and society, is Right. While this word seem very repetitive and simple in meaning, almost all the issues that exist in human relations and consequently the laws of a country must be dealt with in this concept. Anything that violates Right and Justice is incorrect. In fact, the right should be the main criterion in measuring social relations and the enactment of laws, including the constitution. After defining these concepts, the ways of achieving and enforcing the rules laid down by law must be outlined in law so that they can be seen in practice. Right is person's share in the relationship. Justice is non-discrimination in the enjoyment of the right. Discrimination is an exception to the right. Punishment is also a form of discrimination. Discrimination intended for offenders. The offender is the one who has committed an offense and has violated the rights of others. Aggression is a violation of the rights of others or the exploitation of the rights of others without their consent. Failure to pay attention to philosophical concepts and to referring to parties or beliefs to constitute of the constitution results in discrimination or deprivation of the rights of a large number of people in society. Discrimination between individuals and the definition of positions that are impermissible even in the event of violations of the rights of others and the domination and authorization of transgressive acts by intelligence and security groups and the violation of the right of individuals to certain legal principles are clearly evident. The constitution should be based on rational and philosophical concepts, not religious, beliefs, ceremonials or similar beliefs. Discrimination and the use of the word minority, majority, and personal and religious beliefs should not have a place in the constitution of a state based on justice and equity. The scale and criterion for measuring social issues and relationships is right.

Some of the items that are considered individual rights include:

To be live

Use of nature and natural facilities

Benefit from public facilities

Business Selection

Learning science and knowledge acquisition

Receive and research the facts

Choosing the place for life and life style

The right to protest

Freedom includes:

Ensuring freedom of thought and opinion and expression

The power to act as long as it does not harm another and does not violate the rights of others

Behave freely on all personal matters and have and maintain privacy

Enjoy human dignity, regardless of any beliefs or ways of thinking

Equality before the law

Meeting needs without violating the rights of others

Commenting and asking for requests

Not being searched and prosecuted by persons without trial

In addition to issues of law and society, the manner and form of government and the division of power, economic issues and the manner in which people participate in government are fundamental principles set forth in the constitution.

In this book, the constitution of the Islamic Republic of Iran has been criticized by the criterion of right in Persian language.

The Constitution of the Islamic Republic of Iran

In the Name of Allah, Most Gracious, Most Merciful

"He sent aforetime our messengers with clear signs. And sent down with them the book and the balance (of right and wrong), that men may stand in justice".

Introduction

The constitution of the Islamic Republic of Iran is a declaration of the social, cultural, political, and economic foundations of the Iranian society based on Islamic principles and norms that reflect the heartfelt desire of the Islamic community. These fundamental desires are elaborated in the qualities of the great Islamic revolution of Iran, and the revolutionary process of the Muslim people, from the beginning to the victory; principles which were crystallized through the decisive and strong slogans of all segments of society. Now at the dawn of this great victory our nation longs wholeheartedly to realize this demand. The definitive characteristic of this revolution, apropos other uprisings of Iran during this century, is its ideological and Islamic nature. After experiencing the anti-despotic constitutional uprising and the anti-colonial uprising for the nationalization of oil, the Muslim nation of Iran learned the invaluable lesson that the specific and essential reason for the failure of these uprisings was the non-doctrinal quality of the struggles. Although the Islamic line of thinking and the leadership of the clerics have played an essential and fundamental role in these recent uprisings, the latter declined quickly because they departed from the authentic positions of Islam. As a result, the alert conscience of the nation, under the invaluable leadership of the source of religious emulation (marja'-e taqlīd) the exalted Grand Ayatollah Imam Khomeini, perceived the necessity for following the path of an authentic, doctrinal, and Islamic uprising. This time, his leadership provided a new momentum for the committed authors and intellectuals and the country's defiant clerics who had always been in the forefront of massive uprisings. (The beginning of the recent uprising of the nation of Iran was in the year 1382 of the lunar Islamic calendar, agnate to 1341 of the solar Islamic calendar.)

The Dawn of the Uprising

The catalyst for the nation's united movement was Imam Khomeini's objection to an American scheme, "the White Revolution," which was a step toward strengthening the foundations of tyranny and increasing Iran's political, cultural, and economic dependency on world imperialism. The ensuing gran and bloody revolution of the Muslim community in the month of Khordad, 1342 [1963], was in fact the germination of this splendid and vast uprising. This strengthened and sealed the focal position of Imam as the embodiment of Islamic leadership. In spite of his exile from Iran as a result of his objections to the outrageous capitulation law (which ensured American advisers' legal immunity), the firm ties between the

Muslim community and the Imam remained intact. The Muslim nation, and especially the committees of intellectuals and the militant clerics, carried out their objectives amidst imprisonment, torture, exile, and execution. In the meantime, the conscientious segment of society was enlightening the rest of the population from the barricades of the mosques, the theological seminaries, and the universities. Inspired by the prolific and revolutionary doctrines of Islam, they struggled relentlessly to raise the level of the nation's revolutionary consciousness, and ideological awareness. The despotic regime began suppressing the Islamic uprising by vehemently attacking the Islamic theological seminary Fayziye, the university, and all the other vital centers of the revolution, and committed the most cowardly and brutal acts in an attempt to escape the revolutionary anger of the people. Execution
by firing squads and subjection to medieval torture and long prison terms were part of the price that our Muslim nation paid for its firm determination to continue the struggle. The Islamic Revolution was invigorated by the blood of hundreds of young, devout men and women who cried out "Allāho Akbar" (God is great) before the firing squads at dawn, or before succumbing to the enemy's bullets in the streets and bazaars. Imam's continuing messages and declarations [of support] on various occasions increased and expanded the level of awareness and determination of the Muslim com- munity.

Islamic Government

The concept of Islamic government, based on the governance of the jurisprudent (velāyat-e faqih), which was provided by Imam Khomeini at the height of the repression and oppression by the despotic regime, produced a clear and unifying goal among Muslim people. It opened the way for authentic Islamic doctrinal struggle, and further intensified the struggle of the committed Muslim militants both inside and outside Iran. The struggle continued on this path until finally the discontent and intense anger of the people as a result of internal pressure and state suppression on the one hand, and, on the other hand, the exposure of these actions at the international level through the actions of the clerics and the students, seriously weakened the foundations of the regime. Inevitably, the regime and its masters were forced to reduce the level of pressure and oppression and at least gave the impression of allowing political openness in the country; they had assumed these measures in hopes of preventing their inevitable downfall. But the agitated, conscious, and determined nation, under the decisive and unwavering leadership of Imam, continued with its unified uprising in a broad and inclusive manner.

The Anger of the People

On the 17 of Day 1356 [7 January 1978] the regime's publication of an article insulting the holy honor of the clerics and Imam Khomeini in particular accelerated the movement and led to the volcanic explosion of anger across the nation. The regime tried to silence this uprising with bloodshed and violence, but this only caused more blood to gush into the veins of the

Revolution. The renewed surge of fervor on every 7th and 40th memorial for the martyrs of the Revolution gave new life and an ever-increasing and unified warmth and vitality to this movement across the country. As people persevered, all the nation's institutions were invigorated and took an active part in toppling the despotic regime through all-inclusive strikes and participation in street demonstrations. The widespread unity of men and women, from all social, religious, and political strata, was decisive. Women in particular had a visible and active presence at all the stages of this great campaign (jehād). Images that showed a mother embracing her child rushing toward the battleground and the barrels of machine guns were illustrative of the decisive and essential role that this great segment of society played in the struggle.

The Price Paid by the Nation

The sapling of the revolution, nurtured by the blood of more than 60,000 martyrs and 100,000 wounded and disabled, and billions of tomāns of financial losses, finally bore fruit after more than a year and a half of unrelenting and continuous struggle amidst the cries of: "Independence, freedom, Islamic government!" This great uprising, which was achieved through faith, unity, and the decisiveness of the leadership, and the self-sacrifices of the nation, succeeded in annihilating the calculations, relations, and institutions of imperialism. The Iranian Revolution opened a new chapter in the [history] of mass popular revolutions in the world. The 21 and 22 of Bahman 1357 [12 and 13 February 1979] were the days of the collapse of the monarchic system when domestic tyranny, and the foreign dominance that relied on it, were crushed. With this great victory, the rise of the Islamic government that was the long desire of the Muslim people announced its final triumph. In the referendum of the Islamic Republic, the people of Iran, unanimously and in conjunction with the source of religious emulation (marja'-i taqlid), Islamic scholars, and the leader, declared their final and determined decision for the establishment of the new system of the Islamic Republic. A 98.2 percent majority voted for the establishment of the Islamic Republic. At this time, the constitution of the Islamic Republic of Iran, as an articulation of the political, social, cultural, and economic relations and institutions of the society, was to open the way for affirming the foundations of the Islamic government and provide a new plan of governance raised on the ruins of the previous decadent system.

The Form of Governance in Islam

From the perspective of Islam, governance does not derive from the class position or dominance of a group or an individual. On the contrary, it is the crystallization of the political ideal of a nation with a common faith and perspective that must be organized so that in the process of its intellectual and ideological development it can carve out its path toward its ultimate goal (movement toward God). The flow of its revolutionary evolution, our nation was cleansed of the dust and rust of the reign of decadence; it cleansed itself of the intellectual alien impurities. It returned to the authentic Islamic worldview and intellectual positions. Now it is determined to establish its exemplary model society (iswa) based on Islamic criteria. On these bases, the constitution's calling is to actualize the ideological premises of the uprising and to create conditions where one can be raised with the exalted universal Islamic values. With respect to the Islamic content of the Iranian Revolution, which was a movement for the victory of all the oppressed people over their oppressors, the constitution prepares the ground for continuing this revolution at home and abroad. Specifically, it strives to expand international relations with other Islamic movements and people in order to pave the way for the formation of a single, universal community, in accordance with the Qur'anic verse, "Verily, this Brotherhood of yours is a single Brotherhood, and I am your Lord and Cherisher: therefore Serve Me (and no other)" (21: 92), to also assure that the continuous struggle for the emancipation of the deprived and oppressed nations of the world is strengthened. Considering the characteristics of this great uprising, the constitution is the guarantor that no kind of intellectual or social tyranny, or economic monopoly is instituted. It strives to break away from the system of tyranny and to hand over the destiny of people to themselves, in accordance with the Qur'anic verse, "He releases them from their heavy burdens and from the yokes that are upon them" (7: 157). In establishing, on the basis of ideological interpretation, political institutions and organs that are the basis of the society, the pious will take on the responsibility of governing and administering the country, in accordance with the Qur'anic verse, "My servants, the righteous, shall inherit the earth" (21: 105). Legislation that projects the criteria for the administration of society proceeds on the course of Qur'an and the sunna (tradition). Consequently, serious and meticulous supervision on the part of just, devout, and committed Islamic scholars is a necessary and definitive affair. The objective of government is to foster the human being in the direction of the divine order, in accordance to the Qur'anic verse, "And to Allah is the final goal (of all)" (24: 42), in order to prepare the grounds for the expression and blossoming of aptitudes for the purpose of manifesting the theomorphic dimensions of man ("Comport yourself after the conduct of God"). This objective cannot be attained unless all segments of society actively and extensively participate in the developmental process of the society. In regard to this orientation, the constitution prepares the background for all members of society to participate in all stages of political decision making as well as the making of decisions that shape their destiny. This is to assure that each person, in the process of human development, is involved with and assumes responsibility for growth, augmentation, and leadership; this is indeed the actualization of the governance of the oppressed on earth, in accordance with the Qur'anic verse, "And We wished to be gracious to those who were being depressed on the land. To make them leaders (in faith) and make them heirs" (28: 5).

Governance of the Just Jurisprudent (Faqih)

Based on the sovereignty of the command [of God] (velāyat-e amr) and continuous religious leadership (imāmat), the constitution prepares the background for the actualization of leadership by a qualified jurisprudent who is recognized as leader by the people ("Administration of affairs should be by thos scholars who are learned in regard to God and that which He has permitted and that which He has forbidden") this leadership protects various institutions against deviations in fulfilling their authentic Islamic responsibilities.

Economy is a Means not an End

In strengthening economic institutions, the principle is to satisfy the needs of human beings in the process of their development and growth. This is contrary to other economic systems that focus on the concentration and accumulation of wealth and on seeking profit. In the material schools of thought economy is an end in itself; consequently, at different stages of growth, economy becomes an element of destruction, decadence, and ruin. But in Islam, the economy is a means that is not expected to do anything except better facilitate reaching the goal. From this perspective, the economic plan of Islam is to provide apt conditions for the emergence of human beings' various creativities. Consequently, it is the responsibility of the Islamic government to secure equal and appropriate opportunities and employment for all individuals and to fulfill their needs so they can continue on the course of their progress.

Women in the Constitution

In establishing Islamic social institutions, human forces that have thus far been utilized in the service of the multifaceted foreign exploitation now reclaim their own genuine identity and human rights. In this process, it is natural that women, who up until this point have endured a greater degree of oppression under the despotic regime, should be granted more rights. The family is the primal unit of society and the essential center for the growth and grandeur of men. Compatibility in respect to beliefs and ideals is the fundamental principle in establishing a family, that is the essential ground for the course of humanity's growth and development. It is among the responsibilities of the Islamic Republic to provide the conditions for attaining this goal. In accordance with this view of the family unit, women are emancipated from the state of being an "object" or a "tool" in the service of disseminating consumerism and exploitation, while reclaiming the crucial and revered responsibility of motherhood and raising ideological vanguards. Women shall walk alongside men in the active arenas of existence. As a result, women will be the recipients of a more critical responsibility and enjoy a more exalted and prized estimation in view of Islam.

An Ideological Army

In establishing and equipping the defense forces of the country, the focus shall be on maintaining ideology and faith as the foundation and the measure. Consequently, the Army of the Islamic Republic and the Islamic Pasdaran Revolutionary Corps are formed in accordance with the aforementioned objective.

They will undertake the responsibility of not only guarding and protecting the borders, but also the weight of ideological mission, i.e. striving (jehād) on the path of God and struggle on the path of expanding the sovereignty of the law of God in the world; in accordance with the Qur'anic verse: "Against them make ready your strength to the utmost of your power, including steeds of war, to strike terror into (the hearts of) the enemies, of Allah and your enemies" (8: 60).

The Judiciary in the Constitution

The judiciary in its preservation of the rights of the people, and in accordance with the line followed by the Islamic revolution, and in its prevention of deviations within the Muslim nation, plays a crucial role. Therefore, provisions must be made to create a judicial system that is based on Islamic justice and is composed of just judges who are aware of the precise criteria laid down in Islam. Given the sensitive nature of the judi- ciary and the need for its ideological correction, the judiciary must shun any unhealthy relations and connections. This is in accordance with the Qur'anic verse, "When you pass judgment among men, judge with fairness" (4:58).

The Executive Power

The executive power has special significance in the execution of laws and ordinances of Islam and in achieving just relations in society. The executive power also plays a vital role toward the ultimate goal of life and must usher in a new Islamic society. There- fore, any complicated system that would delay the achievement of such a goal or impede its attainment will be rejected by Islam. Therefore, bureaucratic systems, which are born out of autocratic governments, will be severely rejected so that the executive system can function more speedily and efficiently in the fulfillment of its administrative duties.

Mass-Communication Media

The mass-communication media (radio, television), in the developmental process of the Islamic Revolution, must be utilized in the service of disseminating Islamic culture. Against this background, it must benefit from the altercations among sound ideas and must assiduously refrain from propagating and spreading destructive and anti-Islamic attributes. It is the responsibility of everybody to abide by the principles of this law that considers the freedom and dignity of humankind to be its highest objective and facilitates the growth and development of man. It is necessary that the Muslim community actively participate in the construction of the Islamic society by electing competent and devout administrators and by continuously supervising their work. This is in anticipation of success in building the model Islamic society (iswa) which can become a blueprint and a witness for all the people of the world. This is in accordance with the Qur'anic verse "Thus have We made of you an ummah justly balanced, that ye might be witnesses over the nations" (2: 143).

Representatives

The Council of Experts, consisting of the representatives of the people, completed the task of writing the constitution based on the evaluation of the draft proposed by the government, as well as all the suggestions that came from different groups of people. The constitution, which consists of twelve chapters, and 175 articles, is completed in accordance with the aforementioned motives and objectives, at the dawn of the fifteenth century, after the migration of the Noble Prophet (Peace and blessing be upon him and his family) the founder of the liberating ideology of Islam. The constitution is written with the hope that this will be the century of the universal rule of the oppressed and the defeat of all the oppressors.

Chapter 1: General Principles

Article 1: The government of Iran is an Islamic Republic, which the nation of Iran based on its long-held belief in the rule of the truth and the justice of the Qu'ran, and after its victorious

Islamic revolution, under the leadership of marja'-e taqlīd the exalted Grand Ayatollah Imam Khomeini, has established. The measure was ratified by the 98.2 percent affirmative vote of all the eligible voters in a referendum that was held on the 10th and the 11th of Farvardīn in the year 1358 of the solar Islamic calendar, agnate to the first and the second of jumādī al-awlā' in the year 1399 of the lunar Islamic calendar.

Article 2: The Islamic Republic is a system based on the faith in:

1. One God ("There is no god but God"), the exclusive attribution of sovereignty and the legislation of law to Him, and the necessity of surrender to His commands;

2. Divine inspiration and its foundational role in the articulation of the laws;

3. Resurrection and its constructive role in explanation of laws;

4. The justice of God in creation and legislation;

5. Belief in the Imams (imamat), continuous leadership, and its fundamental role in the continuity of the Islamic Revolution;

6. The wondrous and exalted status of human beings and their freedom, which must be endowed with responsibility, before God. These are achieved through:

a. The continuous striving to reason (ejtehād) of qualified jurisprudents (foqahā) who possess the necessary qualifications based on the book (Qur'an) and the Traditions of the infallibles (ma'sumin), peace be upon them all;

b. the employment of sciences, technologies, and advanced human experience with the aim of their further development;

c. the negation of all kinds of oppression, authoritarianism, or the acceptance of domination, which secures justice, political and economic, social, and cultural independence and national unity.

Article 3: In order to achieve the objectives mentioned in Article 2, the Islamic Republic government of Iran is obliged to use all of its resources in the following areas:

1. The creation of an apt environment for the development of ethical values based on faith, piety, and the struggle against all manifestations of corruption and decadence;

2. The increasing of public awareness in all areas through the correct use of the press, mass media, and other means;

3. Free academic and physical education, at all levels for everyone; the facilitation and extension of higher education;

4. The fostering of a spirit of research, innovation, and originality in all areas of scientific, technological, cultural, and Islamic fields through the establishment of research centers and the encouragement of researchers;

5. The complete rejection of colonialism and the prevention of foreign influence;

6. The eradication of all kinds of tyranny, autocracy, and monopolization of power;

7. The securing of political and social freedoms within the limits of law;

8. The participation of the general public in determining its own political, economic, social, and cultural destiny;

9. The elimination of all unjust forms of discrimination and the creation of just opportunities for everyone, in all spiritual and

material areas;

10. The establishment of a correct administrative system and the elimination of unnecessary institutions;

11. The complete strengthening of the national defense, through universal military training, with the aim of securing the country's independence, its territorial integrity, and its Islamic system;

12. The planning of a correct economic system according to Islamic measures in order to create prosperity and eliminate poverty; the removal of all forms of depravation in the areas of nutrition, housing, labor, and health; and the expansion of insurance;

13. The securing of self-sufficiency in sciences, technology, industry, agriculture, military affairs and other such matters;

14. The securing of all-inclusive rights for everyone, man and woman, and the creation of judicial security for everyone, equality for all before the law;

15. The cultivation and strengthening of Islamic brotherhood and general cooperation among

the people;

16. The organization of the nation's foreign policy based on Islamic criteria, fraternal commitment to all Muslims, and unrestrained support for the impoverished people of the world.

Article 4: All civic, penal, financial, economic, administrative, cultural, military, political, and other laws and regulations must be based on Islamic criteria. This principle governs all the articles of the constitution, and other laws and regulations. The determination of such compatibility is left to the Foqaha of the Guardian Council.

Article 53

: During the absence (ghayba) of his holiness, the Lord of the Age, May God all mighty hasten his appearance, the sovereignty of the command [of God] and religious leadership of the community [of believers] in the Islamic Republic of Iran is the responsibility of the faqīh who is just, pious, knowledgeable about his era, courageous, and a capable and efficient administrator, as indicated in Article 107.

Article 6: In the Islamic Republic of Iran, the country's affairs must be administered by reliance on the public vote, and through elections. These will include the election of the president, the deputies of the Islamic Consultative Assembly

(Majles), the members of the councils, and other such institutions, or through a referendum in such instances as are determined in other articles of this document.

Article 7: As the munificent Qur'an ordains: "They (conduct) their affairs according to these commands, by mutual consultation" (42: 38) and "And consult them in the affairs" (3: 159), the councils, the Islamic Consultative Assembly, the Guardian Council, the province of municipal and city councils and the district and village councils and so forth are the decision making and administrative organs of the country.

The constitution and the laws arising from it shall determine the manner of formation of these councils and the limits of their authority.

Article 8: In the Islamic Republic of Iran, inviting one to good, the promotion of virtue and the prohibition of vice, is a general and concomitant responsibility of the people toward one another, the government toward the people, and the people toward the government. The conditions, boundaries, and nature of this relationship are set by the law. According to the Qur'an: "The believers, men and women, are protectors, one of another: they promote virtue, and prohibit vice" (9: 71).

Article 9: In the Islamic Republic of Iran, freedom, independence, unity, and territorial integrity of the nation are inseparable from one another; the safeguarding of these is the responsibility of the government and each and every one in the nation. No individual, group, or authority has the right to damage, in the slightest way, the political, cultural, economic, and military independence of Iran and its territorial integrity, in the name of exercising freedom. And no authority is allowed to take away the legitimate freedoms, even through the establishment of laws and regulations, under the pretext of safeguarding the independence and sovereignty of the nation.

Article 10: The family is the foundational unit of the Islamic society. Therefore, all the laws, regulations, and their corresponding politics must be in the direction of facilitating the establishment of the family, the protection of its sanctity, and the maintenance of its relations, based on Islamic law and ethics.

Article 11: According to the Qur'an: "Verily, this brotherhood of yours is a single brotherhood.

And I am your Lord and cherisher: therefore serve me" (21: 92), all Muslims form a single nation and the government of the Islamic Republic of Iran is required to base its overall politics on the merging and unity of the Muslim nations. It must continuously strive to achieve the political, economic, and cultural unity of the Muslim world.

Article 12: The official religion of Iran is Islam and the Twelver Ja'fari school of [shi'ī] religion.

This principle shall remain eternally unchangeable. Other Islamic schools of thought, such as the Hanafi, Shafi'i, Maliki, Hanbali, and Zaydi, are deserving of total respect and their followers are free to perform their own religious practices, religious education, and personal matters. They may practice their religious education, personal status, (marriage, divorce, inheritance, and bequest), in accordance with their own jurisprudence. The dispute over these matters is recognized in the courts. In any area where followers of these schools of thought are in the majority, local regulations, within the domain of the council's jurisdictions, are set according to that school of thought so long as the rights of the followers of other schools of religion are maintained.

Article 13: Zoroastrian, Jewish, and Christian Iranians are considered the only recognized religious minorities. They may exercise their religious ceremonies within the limits of the law.

They are free to exercise matters of personal status and religious education and they follow their own rituals.

Article 14: According to the Qur'an: "Allah forbids you not, with regard to those who fight you not for (your) faith nor drive you out of your homes, from dealing kindly and justly with them.

For Allah loveth those who are just" (80: 8), the government of the Islamic Republic of Iran and

Muslims are required to treat the non-Muslim individuals with good conduct, in fairness and

Islamic justice, and must respect their human rights. This principle is valid for those persons who have not conspired or acted against Islam and the Islamic Republic of Iran.

Chapter 2: The Language, Script, Calendar, and the Official Flag of the Country

Article 15: Persian is the official and common language and script of the people of Iran. The documents, correspondence, official texts, and schoolbooks must all be in this language and script. However, use of regional and ethnic languages in the press, the mass media, and the teaching of their literature at schools, alongside the Persian language, is freely permitted.

Article 16: Since Arabic is the language of the Qur'an and Islamic culture and scholar- ship, and since Persian literature is completely interwoven with it, Arabic must be taught after elementary school, until the end of high school, and in all classes and in all fields of study.

Article 17: The official calendar of the country is based on the date of the migration (622 CE) of the Prophet of Islam (God's peace be upon him and his family). Both the solar and the lunar calendars are valid. However, the operation of the governmental offices is based on the solar calendar. The official weekly holiday is on Friday.

Article 18: The official flag of Iran is in the colors green, white, and red and has inscribed on it the special sign of the Islamic Republic and the slogan "God is Great."

Chapter 3: Nation's Rights

Article 19: The people of Iran enjoy equal rights, regardless of the tribe or ethnic group to which they belong. Color, race, language, and other such considerations shall not be grounds for special privileges.

Article 20: Members of the nation, whether man or woman, are equally protected by the law.

They enjoy all the human, political, economic, social, and cultural rights that are in compliance with the Islamic criteria.

Article 21: The government must secure the rights of women in all respects, according to the Islamic criteria. The government must do the following:

1. Create an apt environment for the growth of woman's personality and restore her material and spiritual rights;

2. Protect the mothers, especially during the child-bearing and child-rearing periods, and protect children without guardians;

3. Create competent courts to protect the integrity and subsistence of the family;

4. Establish a special insurance for widows, elderly women, and women who are without guardians;

5. Bestow the custody of children to qualified mothers, whenever in the interests of the children, and in the absence of a legal guardian.

Article 22: The dignity, life, property, rights, domicile, and occupations of people may not be violated, unless sanctioned by law.

Article 23: Investigation into one's ideas is forbidden. No one can be subjected to questioning and aggression for merely holding an opinion.

Article 24: Publications and the press are free to discuss issues unless such is deemed harmful to the principles of Islam or the rights of the public. The law shall determine the details of this exception.

Article 25: It is forbidden to inspect letters and to confiscate them, to disclose telephone conversations, to disclose telegraphic and telex communications, to censor them and to stop their delivery. It is forbidden to wiretap conversations. All forms of inspection are forbidden except according to law.

Article 26: The political parties, associations and trade unions, Islamic associations, or associations of the recognized religious minorities are free to exist on the condition that they do not negate the principles of independence, freedom, national unity, Islamic criterion, and the foundation of the Islamic Republic. No one can be pre- vented from participation in these gatherings or forced to participate in one of them.

Article 27: Public gatherings and marches are allowed so long as the participants do not carry arms and are not in violation of the fundamental principles of Islam.

Article 28: People are free to choose whatever profession they wish as long as this profession is not against Islam, public interest, and the rights of others.

In considering the needs of society for different occupations, the government is required to provide favorable circumstances for the equal employment of all persons.

Article 29: It is a universal right to enjoy social security and have benefits with respect to retirement, unemployment, old age, workers' compensation, lack of guardianship, and destitution. In case of accidents and emergencies, everyone has the right to health and medical treatments through insurance or other means. In accordance with the law, the government is obliged to use the proceeds from the national income and public contributions to provide the abovementioned services and financial support for each and every one of the citizens.

Article 30: The government is responsible for providing the means for public education for everyone up to the end of high school. It must expand free higher education until the point when the nation reaches self-sufficiency.

Article 31: Every Iranian individual and family has the right to have a dwelling that meets their needs. The government is required to provide the means for the execution of this principle by giving priority to those who are in greater need, especially peasants and workers.

Article 32: No one can be arrested except in accordance with the rule and the procedures that are set by the law. In the case of arrest, the charge and the reason for the arrest must be immediately conveyed and communicated to the defendant in writing. The preliminary file must be submitted to qualified judicial authorities within twenty-four hours and the preliminaries for the trial must be set as quickly as possible. Anyone who deviates from this principle will be penalized in accordance with law.

Article 33: No one can be exiled from his place of residence or prevented from staying in his preferred location, or compelled to reside in a given location, except in instances that are determined by law.

Article 34: Seeking justice is the indisputable right of every individual. Anyone may have access to the qualified courts for this purpose. All members of the nation have the right of access to such courts. No one can be prevented from referring to courts to which they have a legal right of recourse.

Article 35: In all courts of law, the opposing parties to a dispute have the right to choose an attorney for themselves. If they cannot afford to hire an attorney, they should be provided with the means to do so.

Article 36: The ratification and execution of a sentence may only be carried out through a qualified court and must be in accordance with law.

Article 37: Innocence is presumed. The law does not consider anyone guilty unless the person's guilt is proven at a qualified court.

Article 38: Torture, of any kind, in order to obtain confession or information is for- bidden. It is not permissible to force someone to testify, confess, or swear an oath. Such a testimony, confession, or oath is worthless.

Anyone who deviates from this article shall be sentenced in accordance with law.

Article 39: All forms of violation against the honor and dignity of any person who is legally arrested, detained, imprisoned, or sent into exile is prohibited and is subject to prosecution.

Article 40: No one can claim the exercise of his right as a pretext to harm others or to infringe on the public interest.

Article 41: Citizenship of Iran is the indisputable right of every Iranian, and the government cannot take this right away unless the person requests it or if he becomes the citizen of another

nation.4

Article 42: Foreign nationals can become Iranian citizens within the limits set by the law. Their nationality may be revoked if another nation offers them citizenship or that person demands such a revocation.

Chapter 4: Economy and Financial Affairs

Article 43: In order to secure the economic independence of society, to uproot poverty and deprivation, to fulfill the needs of human beings in the process of growth, while also maintaining liberty, the economy of the Islamic Republic of Iran will be based on the following criteria:

1. Providing the essential needs: housing, food, clothing, health, medical care, education, and the necessary provisions for the starting of a family for all;

2. Providing the circumstances and opportunities for employment for everyone with the prospect of achieving full employment; making means of labor available to everyone who

can work but does not have the means; this can be done through cooperatives, interest-free loans, or any other legitimate method that would not lead to the concentration and circulation of wealth in the hands of specific individuals or groups, or turn the government into a large and absolute employer. The application of these measures must take place with regard to the necessary factors; these steps must be taken with due regard for the necessities that determine public planning of the national economy at each stage of growth;

3. Organizing the country's economic plan in such a way that the form, content, and the working hours would leave each person, aside from his job-related occupations, sufficient time to invest in his own spiritual, political and social growth, to actively participate in the country's leadership, and to cultivate his skills and sense of creativity;

4. Respect for an individual's freedom to choose an occupation; refraining from forcing an individual to take a specific job; preventing the exploitation of another's labor;

5. Banning the causing of damage to others, monopoly, hoarding, usury, and other invalid and forbidden interactions;

6. Banning extravagance and squandering in all areas related to the economy, such as consumption, investment, production, distribution, and services;

7. Using science and technology, and training skilled individuals to meet the needs of the nation for advancement and development of the country's economy;

8. Preventing the economic dominance of foreigners in the national economy;

9. Emphasis on increasing agricultural, livestock, and industrial productions that fulfill general needs and take the country to a stage of self-sufficiency, and emancipate it from dependence.

Article 44: The economic system of the Islamic Republic of Iran is based on three sectors: state, cooperative, and private, and will be based on disciplined and correct planning.

The state sector includes all the national industries, foreign trade, major mines, banking, insurance, energy sources, dams and large water irrigation networks, radio and television, post, telegraph and telephone, aviation, navigation, roads, railroads, and others which are publicly owned and under the state's control.

The cooperative sector will include corporations and cooperative institutions of production and distribution that are established in accordance with Islamic criteria in cities and villages.

The private sector is comprised of that sector of agriculture, animal husbandry, industry, trade, and services that complement the state and cooperative economic activities.

The law of the Islamic Republic protects ownership in these three sectors as long as it agrees with the other principles described in this chapter; and it must not surpass the limits set by

Islamic law. Such ownership must induce development and growth in the country's economy; and not cause any social harm. The details of the regulations, areas, and boundaries of the three sectors will be determined by law.

Article 45: The following are under the control of the Islamic government: wastelands and public wealth, abandoned or unclaimed land of deceased owners, mines, seas, lakes, rivers, and other public bodies of water, mountains, valleys, forests, marshlands, natural prairies, unrestricted pastures, inheritance without any heir, wealth without any identified owner, and public wealth that is confiscated from the usurpers. The Islamic government will treat these in accordance with the public interest. The law shall determine the detail and manner of utilization of each of them.

Article 46: Everyone is the owner of the income from his own legitimate business and labor. No one can, under the pretext of his own ownership, deprive another person from the opportunity to work.

Article 47: Private ownership through legitimate means is respected. The law shall determine its criteria.

Article 48: There should be no discrimination among various provinces and regions in the country in extracting natural resources and using national incomes, and in allocating economic activities to them. Each area according to its own needs and aptitude for growth should have access to the necessary capital and provisions.

Article 49: The government is responsible for confiscating illegitimate wealth resulting from usury, usurpation, bribery, embezzlement, theft, gamble, misuse of Islamic government endowments, misuse of government contracts and transactions, uncultivated lands and others belonging to the public, houses of ill repute, and other illegitimate sources. The government shall pass on this wealth to the rightful owner and in case such an owner is not identified it must be deposited in the public treasury. This ruling must be carried out by the government after investigation, research, and proof through Islamic law.

Article 50: In the Islamic Republic it is considered a public duty to preserve the environment where the present and the future generations may have an improved social life. Consequently, any activity, economic or other, that leads to the pollution of the environment or its irreparable damage will be forbidden.

Article 51: No form of taxation may be instituted except in accordance with law. Instances of tax exemption and reduction are determined according to law.

Article 52: The annual budget of the country is prepared by the government, as deter- mined bylaw, and submitted for review and ratification to the Islamic Consultative Assembly. Any changes in the budgetary figures are also subject to the provisions set by law.

نقد یک قانون اساسی

نقد قانون اساسی جمهوری اسلامی ایران

جلد اول

اصل یکم تا پنجاه و دوم

محمدحسین شفیعی

Copyright © 2019 M.H Shafiei
All right reserved

مقدمه نویسنده

برخی اعتقاد دارند که از تعاریف و مفاهیم فلسفی باید گذشت و راههای دستیابی به سعادت را باید بصورت عملی بررسی کرد. اما مسئله اینست که همین مفاهیم هستند که بوجود آورنده ی عمل اند و اگر قبل از اقدام عملی تعریف صحیح و دقیقی از مفهوم در دسترس نباشد بدون شک هدف و عمل متمایل به هدف اشتباه خواهد بود.
در قانون اساسی مملکت که مرجع قانونگزاری های دیگر خواهد بود استفاده از مفاهیم صحیح عقلی و فلسفی بسیار اهمیت دارد. در واقع پایه و اساس این قانون باید بر عقل و مفاهیم فلسفی بنا نهاده شده باشد تا قوانین دیگری که وضع می گردند و با قانون اساسی سنجیده می شوند از خطای کمتری برخوردار باشند. از مهمترین مفاهیم مورد توجه قانون اساسی و به تبع آن حکومت و جامعه، حق و عدالت است.
با اینکه این دو کلمه بسیار تکراری و با مفهوم ساده به نظر می رسند اما تقریبا تمام مسایلی که در روابط انسانی و به تبع آن قوانین یک مملکت وجود دارد باید با همین دو مفهوم بررسی شود. هر چه که این دو را نقض کند نادرست است. در واقع حق باید معیار اصلی در سنجش روابط اجتماعی و وضع قوانین از جمله قانون اساسی باشد. پس از تعریف این مفاهیم باید راههای دستیابی و ضمانت اجرایی قوانین وضع شده بر پایه آن را بصورت قانون بیان کرد تا بتوان در عمل شاهد اجرای آن بود. حق، سهم هر فرد است از حضور در رابطه. عدالت، عدم تبعیض است در برخورداری از حق. تبعیض، مستثنی کردن در برخورداری از حق است. مجازات نیز نوعی تبعیض است. تبعیضی که برای مجرم در نظر گرفته می شود. مجرم کسی است که تخلفی را انجام داده و طی آن به حق دیگران تجاوز کرده است.
تجاوز، نقض حقوق دیگران است یا به عبارتی بهره برداری از حقوق دیگران بدون رضایت آنها. عدم توجه به مفاهیم فلسفی و ارجاع به عقاید یا احزاب در وضع اصول قانون اساسی باعث تبعیض یا محروم شدن در برخورداری از حقوق در مورد عده کثیری از افراد جامعه میشود. تبعیض بین افراد و تعریف سمتهایی که از مجازات حتی در صورت تجاوز مسلم به حقوق دیگران مصونند و سلطه گری و مجاز شمردن اعمال متجاوزانه ی گروه ها و سازمانهای اطلاعاتی و امنیتی و زیر پا نهادن حق افراد در برخی از اصول قانونی به وضوح نمایان است. قانون اساسی

باید بر پایه ی مفاهیمی عقلی و فلسفی وضع گردد و نه اعتقادات مذهبی، دینی، آیینی یا مواردی مشابه آن. تبعیض و استفاده از کلمه ی اقلیت و اکثریت و مسایل اعتقادی و شخصی نباید جایی در قانون اساسی مملکتی که بر پایه حق و عدل استوار است داشته باشد. مقیاس و معیار سنجش مسایل و روابط اجتماعی، حق است.

برخی از مواردی که جزو حقوق فرد محسوب میشوند عبارتند از:

ادامه ی حیات

استفاده از طبیعت و امکانات طبیعی

بهره مندی از امکانات عمومی

انتخاب کسب و کار

فراگیری علم و تحصیل دانش

دریافت و تحقیق در مورد حقابق

حق انتخاب محل و نحوه ی زندگی

حق اعتراض و مخالفت

آزادی شامل:

برخورداری از آزادی تفکر و عقیده و بیان آنها

اختیار عمل تا جایی که به دیگری ضرر نرساند و به حقوق دیگران تجاوز نکند

رفتار آزادانه در مورد همه ی مسایل شخصی و دارا بودن و حفظ حریم شخصی

برخورداری از حرمت و کرامت انسانی صرفنظر از هر نوع عقیده و طرز تفکر

برابری در برابر قانون

برآورده کردن نیازها بدون تعرض به حقوق دیگران

اظهار نظر و درخواست رسیدگی به خواسته ها

عدم تجسس و تعقیب توسط فرد یا افراد بدون محاکمه

به جز مسایل مربوط به حق و اجتماع، نحوه ی تشکیل و نوع حکومت و تقسیم قدرت، مسایل اقتصادی و نحوه مشارکت افراد در حکومت از اصول اساسی هستند که در قانون اساسی بیان میشوند.

در این کتاب، قانون اساسی جمهوری اسلامی با معیار حق مورد نقد و بررسی قرار گرفته است.

قانون اساسی جمهوری اسلامی ایران

بسم االله الرحمن الرحيم

لقد ارسلنا رسلنا بالبينات و انزلنا معهم الكتاب و الميزان ليقوم الناس بالقسط.

مقدمه

قانون اساسي جمهوري اسلامي ايران مبين نهادهاي فرهنگي، اجتماعي، سياسي و اقتصادي جامعه ايران براساس اصول و ضوابط اسلامي است كه انعكاس خواست قلبي امت اسلامي مي باشد.

ماهيت انقلاب عظيم اسلامي ايران و روند مبارزه مردم مسلمان از ابتدا تا پيروزي كه در شعارهاي قاطع و كوبنده همه قشرهاي مردم تبلور مي يافت اين خواست اساسي را مشخص كرده و اكنون در طليعه اين پيروزي بزرگ ملت ما با تمام وجود نيل به آن را مي طلبد.

ويژگي بنيادي اين انقلاب نسبت به ديگر نهضت هاي ايران در سده اخير مكتبي و پس از گذر از نهضت ضد استبدادي اسلامي بودن آن است، ملت مسلمان ايران مشروطه و نهضت ضد استعماري ملي شدن نفت به اين تجربه گرانبار دست يافت

اساسي و مشخص عدم موفقيت اين نهضت ها مكتبي نبودن مبارزات بوده كه علت رهبري روحانيت مبارز است. گرچه در نهضت هاي اخير خط فكري اسلامي و سهم اصلي و اساسي را بر عهده داشت ولي به دليل دور شدن اين مبارزات از مواضع اصيل اسلامي، جنبشها به سرعت به ركود كشانده شد از اينجا وجدان بيدار ضرورت ملت به رهبري مرجع عاليقدر تقليد حضرت آيت الله العظمي امام خميني پيگيري خط نهضت اصيل مكتبي و اسلامي را دريافت و اين بار روحانيت مبارز كشور كه همواره در صف مقدم نهضت هاي مردمي بوده و نويسندگان و روشنفكران متعهد با رهبري ايشان تحرك نويني يافت.

(آغاز نهضت اخير ملت ايران در سال هزار و سيصد و هشتاد و دو هجري قمري برابر با هزار و سيصد و چهل و يك هجري شمسي مي باشد).

طليعه نهضت اعتراض درهم كوبنده امام خميني به توطئه آمريكايي (انقلاب سفيد) كه گامي در جهت تثبيت پايه هاي حكومت استبداد و تحكيم وابستگي هاي سياسي، فرهنگي و اقتصادي ايران به امپرياليزم جهاني بود عامل حركت يكپارچه ملت گشت و متعاقب آن انقلاب عظيم و خونبار امت اسلامي در خرداد ماه ۱۳٤۲ كه در حقيقت نقطه آغاز شكوفايي اين قيام شكوهمند و گسترده بود مركزيت امام را به عنوان رهبري اسلامي تثبيت و مستحكم نمود و عليرغم تبعيد ايشان از ايران در پي اعتراض به قانون ننگين كاپيتولاسيون (مصونيت مستشاران آمريكايي) پيوند مستحكم امت با امام همچنان استمرار يافت و ملت مسلمان و به ويژه روشنفكران متعهد و روحانيت مبارز راه خود را در ميان تبعيد و زندان، شكنجه و اعدام ادامه دادند. در اين ميان قشر آگاه و مسئول جامعه در سنگر مسجد، حوزه هاي علميه و دانشگاه به روشنگري پرداخت و با الهام از مكتب انقلابي و پربار اسلام تلاش پي گير و ثمربخشي را در بالا بردن سطح آگاهي و هوشياري مبارزاتي و مكتبي ملت مسلمان آغاز كرد. رژيم استبداد كه سركوبي نهضت اسلامي را باحمله دژخيمانه به فيضيه و دانشگاه و همه كانون هاي پر خروش انقلاب آغازنموده بود به مذبوحانه ترين اقدامات ددمنشانه جهت رهايي از خشم انقلابي مردم، دست زد و در اين ميان جوخه هاي اعدام، شكنجه هاي قرون وسطائي زندان هاي دراز مدت، بهائي بود كه ملت مسلمان ما به نشانه عزم راسخ خود به ادامه مبارزه مي پرداخت. خود صدها زن و مرد جوان و با ايمان كه سحرگاهان در ميدان هاي تير فرياد « الله اكبر» سر مي دادند يا در ميان كوچه و بازار هدف گلوله هاي دشمن قرار مي

گرفتند انقلاب اسلامي را تداوم بخشيد، بيانيه ها و پيام هاي پي در پي امام به مناسبت هاي مختلف، آگاهي و عزم امت اسلامي را عمق و گسترش هر چه فزون تر داد.

حكومت اسلامي

طرح حكومت اسلامي بر پايه ولايت فقيه كه در اوج خفقان و اختناق رژيم استبدادي از سوي امام خميني ارائه شد انگيزه مشخص و منسجم نويني را مسلمان ايجاد نمود و راه اصيل مبارزه مكتبي اسلام را گشود كه مبارزان مسلمان و متعهد را در داخل و خارج كشور فشرده تر ساخت.

درچنين خطي نهضت ادامه يافت تا سرانجام نارضايي ها و شدت خشم مردم بر اثر فشار و اختناق روزافزون در داخل و افشاگري و انعكاس مبارزه به وسيله روحانيت و دانشجويان مبارزدر سطح جهاني، بنيان هاي حاكميت رژيم را به شدت متزلزل كرد. و به ناچار رژيم و اربابانش مجبور به كاستن از فشار و اختناق و به اصطلاح باز كردن فضاي سياسي كشور شدند تا به گمان خويش دريچه اطميناني به منظور پيشگيري از سقوط حتمي خود بگشايند. اما ملت بر آشفته و آگاه و مصمم به رهبري قاطع و خلل ناپذير امام، قيام پيروزمند و يكپارچه خود را به طرز گسترده و سراسري آغاز نمود.

خشم ملت انتشار نامه توهين آميز بساحت مقدس روحانيت و بويژه امام خميني در ۱۷ دي ۱۳۵٦ از طرف رژيم حاكم اين حركت را سريع تر نمود و باعث انفجار خشم مردم در سراسر كشور شد و رژيم براي مهاركردن آتشفشان خشم مردم كوشيد اين قيام معترضانه را با به خاك و خون كشيدن خاموش كند اما اين خود خون بيشتري در رگ هاي انقلاب جاري ساخت و طپش هاي پي در پي انقلاب در هفتم ها و چهلم هاي يادبود شهداي انقلاب، حيات و گرمي و جوشش يكپارچه و هر چه فزون تري به اين نهضت در سراسر كشور بخشيد و در ادامه و استمرار حركت مردمي تمامي سازمان هاي كشور با اعتصاب يكپارچه خود و شركت در تظاهرات خياباني در سقوط رژيم استبدادي مشاركت فعالانه جستند، همبستگي

گسترده مردان و زنان از همه اقشار و جناح هاي مذهبي و سياسي در اين مبارزه به طرز چشمگيري تعيين كننده بود، و مخصوصاً زنان به شكل بارزي در تمامي صحنه هاي اين جهاد بزرگ حضور فعال و گسترده اي داشتند، صحنه هايي از آن نوع كه مادري را با كودكي در آغوش، شتابان به سوي ميدان نبرد و لوله هاي مسلسل نشان مي داد بيانگر سهم عمده و تعيين كننده اين قشر بزرگ جامعه در مبارزه بود.

بهايي كه ملت پرداخت نهال انقلاب پس از يك سال و اندي مبارزه مستمر و پيگير با باروري از خون بيش از شصت هزار شهيد و صد هزار زخمي و معلول و با برجاي نهادن ميلياردها تومان خسارت مالي در ميان فريادهاي :(استقلال، آزادي، حكومت اسلامي) به ثمر نشست و اين نهضت عظيم كه با تكيه بر ايمان و وحدت و قاطعيت رهبري در مراحل حساس و هيجان آميز نهضت و نيز فداكاري ملت به پيروزي رسيد موفق به درهم كوبيدن تمام محاسبات و مناسبات و نهادهاي امپرياليستي گرديد كه در نوع خود سر فصل جديدي بر انقلابات گسترده مردمي در جهان شد. ١٢ و ٢٢ بهمن سال يكهزار و سيصد و پنجاه و هفت روزهاي فروريختن بنياد شاهنشاهي شد و استبداد داخلي و سلطه خارجي متكي بر آن را درهم شكست و با اين پيروزي بزرگ طليعه حكومت اسلامي كه خواست ديرينه مردم مسلمان بود، نويد پيروزي نهايي را داد. ملت ايران به طور يكپارچه و با شركت مراجع تقليد و علماي اسلام و مقام رهبري در همه پرسي جمهوري اسلامي تصميم نهايي و قاطع خود را بر ايجاد نظام نوين جمهوري اسلامي اعلام كرد و با اكثريت ٢/٩٨% به نظام جمهوري اسلامي راي مثبت داد.
اكنون قانون اساسي جمهوري اسلامي ايران به عنوان بيانگر نهادها و مناسبات سياسي، اجتماعي، فرهنگي و اقتصادي جامعه بايد راهگشاي تحكيم پايه هاي حكومت اسلامي و ارائه دهنده طرح نوين نظام حكومتي بر ويرانه هاي نظام طاغوتي قبلي گردد.

شيوه حكومت در اسلام

حكومت از ديدگاه اسلام، برخاسته از موضع طبقاتي و سلطه گري فردي يا گروهي نيست بلكه تبلور آرمان سياسي ملتي هم كيش و هم فكر است كه به خود سازمان مي

دهد تا در روند تحول فكري و عقيدتي راه خود را به سوي هدف نهايي (حركت به سوي الله) بگشايد. ملت ما در جريان تكامل انقلابي خود از غبارها و زنگارهاي طاغوتي زدوده شد و از آميزه هاي فكري بيگانه خود را پاك نمود و به مواضع فكري و جهان بيني اصيل اسلامي بازگشت اكنون بر آن است كه با موازين اسلامي جامعه نمونه (اسوه) خود را بنا كند بر چنين پايه اي، رسالت قانون اساسي اين است كه زمينه هاي اعتقادي نهضت را عينيت بخشد و شرايطي را به وجود آورد كه در آن انسان با ارزش هاي والا و جهان شمول اسلامي پرورش يابد. قانون اساسي با توجه به محتواي اسلامي انقلاب ايران كه حركتي براي پيروزي تمامي مستضعفين بر مستكبرين بود زمينه تداوم اين انقلاب را در داخل و خارج كشور فراهم مي كند به ويژه در گسترش روابط بين المللي، با ديگر جنبش هاي اسلامي و مردمي مي كوشد تا راه تشكيل امت واحد جهاني را هموار كند
(ان هذه امتكم امه واحده و انا ربكم فاعبدون) و استمرار مبارزه در نجات ملل محروم و تحت ستم در تمامي جهان قوام يابد. باتوجه به ماهيت اين نهضت بزرگ، قانون اساسي تضمين گر نفي هر گونه استبداد فكري و اجتماعي و انحصار اقتصادي مي باشد و در خط گسستن از سيستم استبدادي، و سپردن سرنوشت مردم به دست خودشان تلاش مي كند. (و يضع عنهم اصرهم و الاغلال التي كانت عليهم). در ايجاد نهادها و بنيادهاي سياسي كه خود پايه ي تشكيل جامعه است بر اساس تلقي مكتبي، صالحان عهده دار حكومت و اداره مملكت مي گردند. (ان الارض يرثها عبادي الصالحون) و قانون گذاري كه مبين ضابطه هاي مديريت اجتماعي است بر مدار قرآن و سنت، جريان مي يابد بنابراين نظارت دقيق و جدي از ناحيه اسلام شناسان عادل و پرهيزگار و متعهد (فقهاي عادل) امري محتوم و ضروري است و چون هدف از حكومت، رشد دادن انسان در حركت به سوي نظام الهي است (و الي الله المصير) تا زمينه بروز و شكوفائي استعدادها به منظور تجلي ابعاد خداگونگي انسان فراهم آيد (تخلقوا باخلاق الله) و اين جز در گرو مشاركت فعال و گسترده تمامي عناصر اجتماع در روند تحول جامعه نمي تواند باشد. با توجه به اين جهت، قانون اساسي زمينه چنين مشاركتي را در تمام مراحل تصميم گيري هاي سياسي و سرنوشت ساز براي همه افراد اجتماع فراهم مي سازد

تا در مسير تكامل انسان هر فردي خود دست اندركار و مسئول رشد و ارتقا و رهبري گردد كه اين همان تحقق حكومت مستضعفين درزمين خواهد بود. (و نريد ان نمن علي الذين استضعفوا في الارض و نجعلهم ائمه و نجعلهم الوارثين). ولايت فقيه بر اساس ولايت امر و امامت مستمر، قانون اساسي زمينه تحقق رهبري فقيه

جامع الشرايطي را كه از طرف مردم به عنوان رهبر شناخته مي شود (مجاري الامور، بيد العلماء باالله الامنا علي حلاله و حرامه) آماده مي كند تا ضامن عدم انحراف سازمان هاي مختلف از وظايف اصيل اسلامي خود باشند.

اقتصاد وسيله است نه هدف در تحكيم بنيادهاي اقتصادي،اصل، رفع نيازهاي انسان در جريان رشد و تكامل اوست نه همچون ديگر نظام هاي اقتصادي تمركز و تكاثر ثروت و سودجويي، زيرا كه در مكاتب مادي، اقتصاد خود هدف است و بدين جهت در مراحل رشد، اقتصاد عامل تخريب و فساد و تباهي مي شود ولي در اسلام اقتصاد وسيله است و از وسيله انتظاري جز كارآئي بهتر در راه وصول به هدف نمي توان داشت. با اين ديدگاه برنامه اقتصادي اسلامي فراهم كردن زمينه مناسب براي بروز خلاقيت هاي متفاوت انساني است و بدين جهت تامين امكانات مساوي و متناسب و ايجاد كار براي همه افراد و رفع نيازهاي ضروري جهت استمرار حركت تكاملي او بر عهده حكومت اسلامي است.

زن در قانون اساسي در ايجاد بنيادهاي اجتماعي اسلامي،نيروهاي انساني كه تا كنون در خدمت استثمار همه جانبه خارجي بودند هويت اصلي و حقوق انساني خود را باز مي يابند و در اين بازيابي طبيعي است كه زنان به دليل ستم بيشتري كه تا كنون از نظام طاغوتي متحمل شده انداستيفاي حقوق آنان بيشتر خواهد بود. خانواده واحد بنيادين جامعه و كانون اصلي رشد و تعالي انسان است و توافق عقيدتي و آرماني در تشكيل خانواده كه زمينه ساز اصلي حركت تكاملي و رشد يابنده انسان است اصل اساسي بوده و فراهم كردن امكانات جهت نيل به اين مقصود از وظايف حكومت اسلامي است، زن در چنين برداشتي از واحد خانواده، از حالت (شيئي بودن) و يا (ابزار كار بودن) در خدمت اشاعه مصرف زدگي و استثمار، خارج شده و ضمن بازيافتن وظيفه
خطير و پر ارج مادري در پرورش انسان هاي مكتبي پيش آهنگ و خود همرزم مردان در ميدان هاي فعال حيات مي باشد و در نتيجه پذيراي مسئوليتي خطيرتر و در ديدگاه اسلامي برخوردار از ارزش و كرامتي والاتر خواهد بود.

ارتش مکتبی در تشکیل و تجهیز نیروهای دفاعی کشور توجه بر آن است که ایمان و مکتب، اساس و ضابطه باشد بدین جهت ارتش جمهوری اسلامی و سپاه پاسداران انقلاب در انطباق با هدف فوق شکل داده می شوند و نه تنها حفظ و حراست از مرزها بلکه بار رسالت مکتبی یعنی جهاد در راه خدا و مبارزه در راه گسترش حاکمیت قانون خدا در جهان را نیز عهده دار خواهند بود. (و اعدوا لهم مااستطعتم من قوه و من رباط الخیل ترهبون به عدو الله و عدوکم و آخرین من دونهم).

قضا در قانون اساسی

مساله قضا در رابطه با پاسداری از حقوق مردم در خط حرکت اسلامی، به منظور پیشگیری از انحرافات موضعی در درون امت اسلامی، امری است حیاتی، از این رو ایجاد سیستم قضائی بر پایه عدل اسلامی و متشکل از قضات عادل و آشنا به ضوابط دقیق دینی پیش بینی شده است، این نظام به دلیل حساسیت بنیادی و دقت در مکتبی بودن آن لازم است به دور از هر نوع رابطه و مناسبات ناسالم باشد. (و اذا حکمتم بین الناس ان تحکموا بالعدل).

قوه مجریه

قوه مجریه به دلیل اهمیت ویژه ای که در رابطه با اجرای احکام و مقررات اسلامی به منظور رسیدن به روابط و مناسبات عادلانه حاکم بر جامعه دارد و همچنین ضرورتی که این مساله حیاتی در زمینه سازی وصول به هدف نهایی حیات خواهد داشت بایستی راهگشای ایجاد جامعه اسلامی باشد. نتیجتاً محصور شدن در هر نوع

نظام دست و پاگیر پیچیده که وصول به این هدف را کند و یا خدشه دار کند از دیدگاه اسلامی نفی خواهد شد بدین جهت نظام بوروکراسی که زائیده و حاصل حاکمیت های طاغوتی است به شدت طرد خواهد شد تا نظام اجرائی با کارائی بیشتر و سرعت افزون تر در اجرای تعهدات اداری به وجود آید.

وسائل ارتباط جمعی

وسائل ارتباط جمعی (رادیو – تلویزیون) بایستی در جهت روند انقلاب اسلامی در خدمت اشاعه فرهنگ اسلامی قرار گیرد و در این زمینه از برخورد سالم اندیشه های متفاوت بهره جوید و از اشاعه و ترویج خصلت های تخریبی و ضد اسلامی جدا پرهیز کند. پیروزی از اصول چنین قانونی که آزادی و کرامت ابنا بشر را سرلوحه اهداف خود دانسته و راه رشد و تکامل انسان را می گشاید بر عهده همگان است و لازم است که امت مسلمان با انتخاب مسئولین کاردان و مومن و نظارت مستمر بر کار آنان به طور فعالانه در ساختن جامعه اسلامی مشارکت جویند به امید اینکه در بنای جامعه نمونه اسلامی (اسوه) که بتواند الگو و شهیدی بر همگی مردم جهان باشد موفق گردد. (و کذلک جعلناکم امه وسطا لتکونوا شهدا علی الناس).

مجلس خبرگان

نمایندگان مجلس خبرگان متشکل از نمایندگان مردم، کار تدوین قانون اساسی را بر اساس بررسی پیش نویس پیشنهادی دولت و کلیه پیشنهادهائی که از گروه های مختلف مردم رسیده بود در دوازده فصل که مشتمل بر یکصد و هفتاد و پنج اصل میباشد در طلیعه پانزدهمین قرن هجرت پیغمبر اکرم صلی الله علیه و آله و سلم، بنیانگذار مکتب رهائی بخش اسلام با اهداف و انگیزه های مشروح فوق به پایان رساند، به این امید که این قرن، قرن حکومت جهانی مستضعفین و شکست تمامی مستکبرین گردد.

فصل اول اصول کلی

اصل اول

حکومت ایران جمهوري اسلامی است که ملت ایران بر اساس اعتقاد دیرینه اش به حکومت حق و عدل قرآن، در پی انقلاب اسلامي پیروزمند خود به رهبري مرجع عالیقدرتقلید حضرت آیت الله العظمي امام خميني، در همه پرسي دهم و یازدهم فروردین ماه یکهزار و سیصد و پنجاه و هشت هجري شمسي برابر با اول و دوم جمادي سال یکهزار و سیصدو نود و نه هجري قمري با اکثریت نود و هشت و دو دهم درصد کلیه کسانی که حق رأي داشتند، به آن رأي مثبت داد.

نقد اول:

حکومت در محدوده ی یک سرزمین شکل می گیرد و در یک سرزمین افراد با هر اعتقاد، دین یا مذهب، شهروند آن سرزمین محسوب می گردند. در کلمات اولیه ی قانون اساسی تاکید بر اسلامی بودن حکومت است. در صورتی که اقلیت های متعددی با اعتقاداتی به جزء اسلام و حتی مسلمانانی با اعتقاداتی متفاوت از آنچه اسلام می گوید در این مملکت وجود دارند. آنها شهروندان آن کشور هستند که به حقوق کسی هم تجاوز نکرده اند ولی طرز تفکر و اعتقادات متفاوتی دارند. ایران کشور آنهاست. بنابراین اصل اول، و در ادامه، اکثریت اصول نگاشته شده در این قانون اساسی، بین مسلمانان مورد نظر حکومت و بقیه ادیان و فرقه ها تبعیض قائل می شود. در جای دیگری از اعتقاد ملت به حق و عدل قرآن نام می برد که وارد

کردن مقوله ی اعتقاد که مسئله ای فردی و متغیر است به اصلی از قانون اساسی اشتباه است. علاوه بر آن در اینجا نیز ادیان و فرقه ها و اعتقادات دیگر و حتی زن و مرد مورد تبعیض قرار می گیرند. قانونی که به جای استناد به حق بر پایه ی عقل و فلسفه، به اعتقاد استناد کند تبعیض آمیز و تفرقه انگیز و غیر عادلانه خواهد بود. در جای دیگری از انقلاب اسلامی نام میبرد که با توجه به احزاب و گروههای مشارکت کننده در زمان انقلاب مشخص می گردد بسیاری از احزاب نگرشهای متفاوتی غیر از نگرش اسلامی داشتند و اینکه انقلاب را اسلامی بنامد نشان از نادیده گرفتن بقیه ی نگرشها است. مضافا اینکه هیچ پیش زمینه و علمی نسبت به حکومت اسلامی مورد نظر حاکمیت در بین عموم وجود نداشت و هیچ روشنگری هم در مورد مفهوم آن صورت نگرفت. علاوه بر آن قرار دادن کلمه ی اسلامی بعد از کلمه ی حکومت، چند ماه پس از انقلاب انجام شد و نه در هنگام انقلاب.

اصل دوم

جمهور اسلامی، نظامی است بر پایه ایمان به: ١ - خدای یکتا (لااله الاالله) و اختصاص حاکمیت و تشریع به او و لزوم تسلیم در برابر امر او. ٢ - وحی الهی و نقش بنیادی آن در بیان قوانین. ٣ - معاد و نقش سازنده آن در سیر تکاملی انسان به سوی خدا. ٤ - عدل خدا در خلقت و تشریع. ٥ - امامت و رهبری مستمر و نقش اساسی آن در تداوم انقلاب اسلام. ٦ - کرامت و ارزش والای انسان و آزادی توام با مسیولیت او در برابر خدا، که از راه : الف - اجتهاد مستمر فقهای جامع الشرایط بر اساس کتاب و سنت معصومین سلام الله علیهم اجمعین، ب - استفاده از علوم و فنون و تجارب پیشرفته بشری و تلاش در پیشبرد آنها، ج - نفی هر گونه ستمگری و ستم کشی و سلطه گری و سلطه پذیری، قسط و عدل و استقلال سیاسی و اقتصادی و اجتماعی و فرهنگی و همبستگی ملی را تامین می کند.

نقد دوم:

در اصل دوم حکومت را بر پایه ی ایمان میخواند. داشتن ایمان به منزله ی دارا بودن عقل سلیم و بهره وری از آن جهت شناخت و دفاع از حق نیست. حکومت باید بر پایه ی حق و به تبع آن عدالت باشد نه ایمان یا خصیصه ای دیگر. بعد از آن در مورد خدا، وحی، معاد، عدل خدا که همه اعتقادی و شخصی هستند سخن می گوید. مسایل اعتقادی راهکاری عملی بر پایه ی عقل جهت برقراری عدالت ایجاد نمی کند. اکثر فیلسوفان که ارائه دهنده ی راهکارهای عقلی جهت حاکمیت حق هستند، اعتقادی به دین و خدا ندارند و لازمه ی برقراری عدالت و تفکر در مورد حق و عدل، بی طرف بودن اعتقادی و تکیه کردن بر عقل است. اینجا هم تبعیض بین پیروان ادیان و دینداران و بقیه ی افراد جامعه مشاهده میشود. در جای دیگر از امامت و رهبری مستمر و انقلاب اسلام سخن می گوید که به نوعی امامت در دین اسلام و رهبری در حکومت فعلی و انقلاب فعلی و حکومت اسلامی در زمان ظهور اسلام را به هم ربط می دهد. هیچیک از این موارد به برقراری عدالت کمکی نمی کند.

در بند ششم از آزادی توام با مسئولیت در برابر خدا سخن می گوید. آزادی به حق مربوط می شود نه مسئولیت در برابر خدا. آزادی، اختیار عمل فرد است تا جایی که به حقوق فردی دیگر تجاوز ننماید. این موضوع هیچ ارتباطی به اعتقادات ندارد. ایجاد محدودیت برای فرد تحت هر عنوانی به جزء دایره ی حق که بر پایه ی عقل استوار باشد تجاوز به حقوق فرد محسوب می شود.

در همین بند، از ایمان به کرامت و ارزش والای انسانی سخن به میان آمده است. حفظ کرامت افراد توسط حاکمیت از اصول قانون و حقوق فرد است. در این مورد ایمان به کرامت انسان کافی نیست و لازم است در عمل انجام شود و قوانینی جهت مجازات هتاکان حریم و کرامت انسان به صورت شفاف وضع و اجرا گردد.

ایجاد قسط و عدل، نفی ستمگری و ستم کشی، سلطه گری و سلطه پذیری بر پایه ی اصول تبعیض آمیز و از طریق اجتهاد ممکن نیست. این امور که اساس همه ی آنها حقوق فردی و رابطه ی فرد با اجتماع است با رجوع به عقل و تفکرات فلسفی قابل انجام است.

اصل سوم:

دولت جمهور اسلامی ایران موظف است برای نیل به اهداف مذکور در اصل دوم، همه امکانات خود را برای امور زیر به کار برد: ۱ - ایجاد محیط مساعد برای رشد فضایل اخلاقی بر اساس میان و تقوی و مبارزه با کلیه مظاهر فساد و تباهی. ۲ - بالا بردن سطح آگاهی های عمومی در همه زمینه های با استفاده صحیح از مطبوعات و رسانه های گروهی و وسایل دیگر. ۳ - آموزش و پرورش و تربیت بدنی رایگان برای همه در تمام سطوح، و تسهیل و تعمیم آموزش عالی. ٤ - تقویت روح بررسی و تتبع و ابتکار در تمام زمینه های علمی، فنی، فرهنگی و اسلامی از طریق تاسیس مراکز تحقیق و تشویق محققان. ٥ - طرد کامل استعمار و جلوگیری از نفوذ اجانب. ٦ - محو هر گونه استبداد و خودکامگی و انحصارطلبی. ۷ - تامین آزادیهای سیاسی و اجتماعی در حدود قانون. ۸ - مشارکت عامه مردم در تعیین سرنوشت سیاسی، اقتصادی، اجتماعی و فرهنگی خویش. ۹ - رفع تبعیضات ناروا و ایجاد امکانات عادلانه برای همه، در تمام زمینه های مادی و معنوی. ۱۰ - ایجاد نظام اداری صحیح و حذف تشکیلات غیر ضرور. ۱۱ - تقویت کامل بنیه دفاع ملی از طریق آموزش نظامی عمومی برای حفظ استقلال و تمامیت ارضی و نظام اسلامی کشور. ۱۲ - پی ریزی اقتصادی صحیح و عادلانه بر طبق ضوابط اسلامی جهت ایجاد رفاه و رفع فقر و برطرف ساختن هر نوع محرومیت در زمینه های تغذیه و مسکن و کار و بهداشت و تعمیم بیمه. ۱۳ - تامین خودکفایی در علوم و فنون صنعت و کشاورزی و امور نظامی و مانند اینها. ١٤ - تامین حقوق همه جانبه افراد از زن و مرد و ایجاد امنیت قضایی عادلانه برای همه و تساوی عموم در برابر قانون. ۱٥ - توسعه و تحکیم برادری اسلامی و تعاون عمومی بین همه مردم. ١٦ - تنظیم سیاست خارجی کشور بر اساس معیارهای اسلام، تعهد برادرانه نسبت به همه مسلمان و حمایت بی دریغ از مستضعفان جهان.

نقد سوم:

سخن از فضایل اخلاقی، ایمان، تقوا نشان از دخالت حکومت در مسایل شخصی و اعتقادی فرد دارد. حکومت باید همه ی امکانات را جهت دفاع از حقوق فرد بکار گیرد تا فرد با اختیار عمل شیوه ی زندگی خود را انتخاب کند نه اینکه حکومت

روش زندگی را به فرد دیکته کند. اینکه مظاهر فساد از دید حکومت چیست در حالیکه تا کنون تقریبا هیچیک از اصول قانون اساسی، تعریفی عقلی یا فلسفی از موارد مطرح شده در بر نداشته است جای سوال است. بالا بردن سطح آگاهی های عمومی در جهت دریافت و درک حقایق امری مثبت است که می تواند در پیشرفت جامعه موثر باشد. در صورتی که تمام افراد مملکت از حقوق خود آگاهی داشته باشند، تسلط بر آنها و ظلم و ستم در حق آنها دشوار خواهد بود. در این شرایط دیگر عده ای که جامعه آنان را روشنفکر یا دگر اندیش می خواند تنها نخواهند بود بلکه در صورتی که ظلمی بر کسی وارد شود همه ی افراد جامعه از روی عقل و آگاهی و با درک حقوق فردی به آن واکنش نشان خواهند داد. دسترسی آزاد به اطلاعات حق هر فرد است.

استعمار تنها از سوی اجانب صورت نمیگیرد بلکه بیش از آنکه کشور های بیگانه دسترسی به منابع و مخازن و ثروت مملکت داشته باشند، عوامل حکومتی و اقشار صاحب قدرت بر منابع کشور سیطره داشته و اقدام به استعمار می کنند. غارت ثروت و منابع و مخازن بصورت انفرادی یا گروهی توسط عوامل حکومتی و حامیان حکومت که دسترسی کامل به تمام امکانات را دارند مهمترین عامل فساد و استعمار داخلی است. محو استبداد و خودکامگی و تامین آزادی های سیاسی با قانونی که بر پایه ی دیکته کردن اعتقادات و روش زندگی به افراد جامعه است و حدود حقوق فرد را نمی شناسد امکانپذیر نیست.

مشارکت مردم در امور سیاسی، فرهنگی، اقتصادی، اجتماعی در صورت تمایل و در صورت داشتن آگاهی و درک عقلی از حقوق فردی امری مثبت است. رفع تبعیض نیاز به تفکر عقلی دارد و نه اعتقادی و احساسی. وضع و رجوع به قانونی بر پایه ی اعتقادات خاص، خود تبعیض آمیز و تفرقه انگیز است.

محو استبداد، انحصارطلبی و خودکامگی نیازمند برابری همه ی افراد در مقابل قانون است. قانونی که تبعیض آمیز باشد هدفش سلطه ی عده ای و حذف یا کمرنگ کردن حضور دیگران است. قانونی که از همان اصل اول به قدیس جلوه دادن فردی خاص که دیگران باید از او تقلید کنند می پردازد مطمئنا در پی آن نیست که حقوقی برابر با دیگر مردم در برابر قانون به او و اطرافیانش بدهد. قانونی که فردی را مادام العمر در سمتی ابقاء کند چگونه میتواند استبداد را محو کند. اگر قدرت یک مملکت از جمله نیروهای نظامی، انتظامی، شبه نظامی، اطلاعاتی و امنیتی و قضایی تحت فرمان یک شخص یا مقام باشد، هر اعتراض و صدای

مخالفی سرکوب خواهد شد و خودکامگی غیرقابل اجتناب خواهد بود. یکسان بودن در برابر قانون، تقسیم و واگذاری قدرت به شوراها و مجالس عمومی و تخصصی که اعضای آنها توسط مردم انتخاب گردند، نظارت دائمی بر عملکرد حکومت و دستگاهها، امکان شکایت از مقامات و دستگاههای حکومتی، امکان اعتراض به عملکرد بالاترین مقامات کشور، پاسخگو بودن مسئولان و مجازات آنها در صورت تخلف، تعیین دوره های مشخص جهت تصدی بالاترین سمت حکومت، قوانین شفاف، عملکرد شفاف، دسترسی به اطلاعات و قابلیت پیگیری امور توسط عامه مردم، نظارت بر درآمد و اعلام دارایی مقامات و خانواده شان، شایسته سالاری و استفاده از متخصصان امور با هر اعتقاد، قومیت، دین و مذهب و آگاه کردن افراد جامعه از نحوه ی عملکرد سازمانهای حکومتی و نظارتی از جمله مواردی است که می تواند به محو استبداد و انحصارطلبی کمک کند.

اصل چهارم:

کلیه قوانین و مقررات مدنی، جزایی، مالی، اقتصادی، اداری، فرهنگی، نظامی، سیاسی و غیر اینها باید بر اساس موازین اسلامی باشد. این اصل بر اطلاق یا عموم همه اصول قانون اساسی و قوانین و مقررات دیگر حاکم است و تشخیص این امر بر عهده فقها شورای نگهبان است.

نقد چهارم:

این اصل تبعیض آمیز است. همانگونه که قبلا هم بیان شد در یک سرزمین افراد با هر اعتقاد، دین یا مذهب، شهروند آن سرزمین محسوب می گردند و حق تعیین سرنوشت و تصمیم گیری برای خویش در چارچوب عدم تجاوز به حقوق دیگران را دارند. الزامی کردن تطبیق همه ی امور مردم و مملکت با یک اعتقاد یا دین یا ایدئولوژی خاص علاوه بر تبعیض، نشانه ی تجاوز به حقوق مردمی است که آن

ایدئولوژی را نمی پذیرند. همه ی امور مملکت باید بر پایه ی حق و عدالت بر پایه ی عقل بنا شود و نه اعتقاد. شرط گذاشتن و اجبار برای پذیرش قوانین فرقه ای خاص برای همه ی مردم، چیزی جزء دیکته کردن روش زندگی توسط عده ای با اعتقادات خاص با استفاده از قانون و اهرم قدرت نیست. حتی اگر اکثریت جمعیت کشور با این اعتقاد موافق می بودند دلیلی بر وضع قوانین تبعیض آمیز در قانون اساسی مملکت و نقض حق و عدالت بر پایه ی عقل وجود نداشت.

در این اصل شورایی که وظیفه اش نظارت و تایید قوانین جهت اطمینان از وضع قوانین بر پایه ی اصول تبعیض آمیز و متغیر اعتقادی است تعریف شده است. هر قانون مبتنی بر حق و عقل که با اعتقادات اعضای این شورا مخالف باشد مردود خواهد بود.

اعتقاد در هر فرد نسبت به فرد دیگر متفاوت است، در یک دین فرقه های متفاوت با دیدگاه های متفاوت و در بسیاری موارد مخالف هم وجود دارد، حتی در یک فرقه، کسانی که خود را متخصص امر می دانند با هم اختلاف دارند. به این ترتیب اعتقاد امری متغیر است و اصول نمیتواند متغیر باشد.

بنابراین اصول قانون اساسی نمیتواند بر پایه ی اعتقادات وضع شود.

بالاترین هدف در حکومت از لحاظ فلسفی برقراری عدالت در جامعه و دفاع از حقوق فرد است و از لحاظ سیاسی دستیابی به حداکثر منافع ملی است، اما این اصل از قانون اساسی که در مورد همه قوانین و امور مملکت سخن می گوید بر اعتقادات تاکید دارد و به هیچیک از این موارد اشاره ای ندارد.

اصل پنجم:

در زمان غیب حضرت ولی عصر "عجل الله تعالی فرجه" در جمهوری اسلامی ایران و ولایت امر و امامت امت بر عهده فقیه عادل و با تقوی، آگاه به زمان، شجاع، مدیر و مدبر است که طبق اصل یکصد و هفتم عهده دار آن می گردد

اصل سابق: در زمان غیبت حضرت ولی عصر، عجل الله تعالی فرجه، در جمهوری اسلامی ایران ولایت امر و امامت امت بر عهده فقیه عادل و با تقوی، آگاه به زمان، شجاع، مدیر و مدبر است، که اکثریت مردم او را به رهبری

شناخته و پذیرفته باشند و در صورتی که هیچ فقیهی دارای چنین اکثریتی نباشد رهبر یا شورای رهبری مرکب از فقهای واجد شرایط بالا طبق اصل یکصد و هفتم عهده دار آن می گردد

نقد اصل پنجم:

در این اصل با اشاره به مبحثی اعتقادی، سمتی را تعریف می کند که ولایت و امامت را که اصطلاحی در یک فرقه ی مذهبی است در خود جای داده است. در اینجا از دو اصطلاح ولایت امر و امام امت استفاده شده است. هر دو اصطلاح موضوعاتی اعتقادی در مذهب شیعه هستند. ولی امر به معنی تصمیم گیرنده برای کسانی است که از لحاظ عقلی توانایی درک موضوعات و صلاح خویش را ندارند و در اینجا آن کسان، امت معرفی شده اند. امامت نشانه ی مقدس بودن و معصوم بودن است. بدین ترتیب با این دو اصطلاح مقامی در حکومت ایجاد شده است که هم مقدس است و هم تصمیم گیرنده برای افراد جامعه.

این اصل علاوه بر اینکه تبعیض آمیز و بر پایه ی اعتقادات بنا شده است، همه ی حقوق فرد را از او سلب می کند و سرنوشت افراد جامعه را به تصمیم فردی که با قرار گرفتن در این مقام، طبق قانون، مقدس و معصوم جلوه داده میشود می سپارد. انتقاد از چنین فردی با این صفات، توهین به مقدسات تلقی خواهد شد.

طبق این اصل این فرد باید از فرقه ای خاص یعنی از مذهب شیعه و با آموزش حوزوی باشد و افراد با دین یا مذهب دیگر یا تحصیلات دیگر نمیتوانند در این مقام قرار گیرند.

در ضمن هیچ دوره زمانی مشخصی جهت شروع و پایان دوره ی رهبری فرد در این مقام تعیین نگردیده است.

کشور متعلق به ملت است و مردم هستند که به افرادی اجازه می دهند بر مملکت حکومت کنند. بنابراین حاکمان حق خودرایی و جدا کردن خود از قوانین یا وضع قوانین خاص و متفاوت برای خود را ندارند.

این اصل منجر به ایجاد استبداد خواهد شد و کاملا در تناقض با بند ششم اصل سوم قانون اساسی است.

اصل ششم:

در جمهوری اسلامی ایران امور کشور باید به اتکا آرا عمومی اداره شود، از راه انتخابات، انتخاب رییس جمهور، نمایندگان مجلس شورای اسلامی، اعضای شوراها و نظایر اینها، یا از راه همه پرسی در مواردی که در اصول دیگر این قانون معین می گردد.

نقد ششم:

رجوع به نظرات و آراء مردم کشور در صورت آگاهی دادن به مردم از عملکرد، عواقب، مزایا و معایب انتخاب شان و شفاف سازی در همه جوانب موضوع مورد نظر می تواند به ایجاد نظام مردم سالار کمک کند. فراگیر بودن انتخابات و امکان حضور افراد با اعتقادات و ادیان و قومیت های مختلف به عنوان نامزد پست های مختلف از جمله رییس جمهوری، نمایندگی مجلس، نمایندگی شورا و دیگر سمت ها از الزامات انتخابات مردمی است. در این اصل از پست رهبری سخنی به میان نیامده است.

اصل هفتم:

طبق دستور قرآن کریم: "و امرهم شوری بینهم" و "شاورهم فی الامر" شوراها، مجلس شورای اسلامی، شورای استان، شهرستان، شهر، محل، بخش، روستا و نظایر اینها از ارکان تصمیم گیری و اداره امور کشورند. موارد، طرز تشکیل و حدود اختیارات و وظایف شوراها را این قانون و قوانین ناشی از آن معین می کند.

نقد هفتم:

استفاده از جملات کتاب مقدس یک دین یا فرقه یا اعتقاد و تاکید بر دستور و لازم الاجرا بودن آن در قانون اساسی کشور که مردمی با ادیان و اعتقادات مختلف دارد علاوه بر ریاکاری نشانه ی تبعیض و ایجاد تفرقه است. اداره ی امور توسط شوراهایی که عملکرد شفاف داشته باشند امری مثبت جهت استفاده از نظرات مختلف است.

اصل هشتم:

در جمهوری اسلامی ایران دعوت به خیر، امر به معروف و نهی از منکر وظیفه ای است همگانی و متقابل بر عهده مردم نسبت به یکدیگر، دولت نسبت به مردم و مردم نسبت به دولت. شرایط و حدود و کیفیت آن را قانون معین می کند. "والمئمنون و المئمنات بعضهم اولیا بعض یامرون بالمعروف و ینهون عن المنکر".

نقد هشتم:

این اصل مصداق بارز دخالت در امور شخصی و اعتقادات و تجاوز به حقوق فرد است. دعوت به ورود به حریم یکدیگر و دخالت در امور دیگران، حمایت از تجاوز به حقوق افراد است. در مورد نظارت مردم بر دولت، مسئله شخصی نیست و وظیفه ی حکومت است عملکردی شفاف داشته باشد تا مردم به راحتی بتوانند بر عملکرد کسانی که برای حکم راندن بر خود پذیرفته اند نظارت داشته باشند و در صورت تخلف آنان را مواخذه کنند. ولی عکس این موضوع یعنی دخالت در امور فرد، تجاوز به حقوق فرد خواهد بود. این عمل باید مجازات داشته باشد نه اینکه از سوی قانون اساسی یک کشور حمایت و توصیه شود.

اصل نهم:

در جمهوری اسلامی ایران آزادی و استقلال و وحدت و تمامیت اراضی کشور از یکدیگر تفکیک ناپذیرند و حفظ آنها وظیفه دولت و آحاد ملت است. هیچ فرد یا گروه یا مقامی حق ندارد به نام استفاده از آزادی، به استقلال سیاسی، فرهنگی، اقتصادی، نظامی و تمامیت ارضی ایران کمترین خدشه ای وارد کند و هیچ مقامی حق ندارد به نام حفظ استقلال و تمامیت ارضی کشور آزادیهای مشروع را، هر چند با وضع قوانین و مقررات، سلب کند.

نقد نهم:

در این اصل قانون اساسی از وحدت نام برده شده است. اصول متعددی در قانون اساسی تبعیض آمیز و تفرقه انگیزند. چگونه با وضع قوانین تبعیض آمیز میتوان انتظار وحدت داشت. تاکید بر اینکه هیچ مقامی حق ندارد به نام استقلال و تمامیت ارضی کشور آزادی های مشروع را هر چند با وضع قوانین و مقررات سلب کند، مثبت ولی ناقص است. در قانونی که در اکثر اصولش از دین و مذهب و اعتقاد نام برده شده است در اینجا هیچ سخنی از دین و اعتقاد به میان نیامده است. در حالیکه باید تاکید می شد هیچ مقامی حق ندارد به نام دین و اعتقاد و مقدسات، و در واقع به هیچ عنوانی، آزادی و حقوق فرد را نقض کند.

همینطور از آزادی مشروع نام میبرد. آزادی بر پایه ی حق تعریف می شود و اختیار عمل فرد در محدوده ی حقوقش است. قانونی که بسیاری از اصول آن ناقض حقوق فرد است نمیتواند ضامن آزادی باشد.

در قانون عدالت و حقوق فرد باید از هر موضوعی بالاتر باشد. قانونی که نتواند ضامن دفاع از حقوق فرد باشد روابطی ناعادلانه و حکومتی نالایق و ظالم را ایجاد خواهد کرد. حکومت ظالم نمیتواند حمایت مردم از حاکمیت در دفاع از استقلال در زمینه های مختلف را داشته باشد.

اصل دهم:

از آنجا که خانواده واحد بنیادی جامعه اسلامی است، همه قوانین و مقررات و برنامه ریزیهای مربوط باید در جهت آسان کردن تشکیل خانواده، پاسداری از قداست آن و استواری روابط خانوادگی بر پایه حقوق و اخلاق اسلامی باشد.

نقد دهم:

از مفهوم فلسفی خانواده و ازدیاد نسل و پذیرش اراده ی تداوم حیات که بگذریم خانواده جایگاه ویژه ای در جامعه دارد و این محدود به جامعه ی اسلامی نیست. خانواده در تمام فرهنگهای بشری و حتی در حیوانات نیز احترام و جایگاه خاصی دارد. اما در این اصل از قانون هم مثل بقیه اصول موضوع به دین و قداست ربط داده شده است. الزامی کردن استواری روابط خانوادگی بر حقوق و اخلاق اسلامی علاوه بر دخالت در امور شخصی افراد، برای ادیان و اعتقادات دیگر، تبعیض آمیز است. از دیدگاه حقوقی روابط بر حقوق انسانی بر مبنای عقل باید قضاوت شوند. سهل کردن امور زندگی از جمله ازدواج امری شایسته است که نیازمند رفع تبعیض و بهره مندی همه اقشار مردم از منابع است.

اصل یازدهم:

به حکم آیه کریمه "ان هذه امتکم امه واحده و انا ربکم فاعبدون" همه مسلمانان يك امت اند و دولت جمهوری اسلامی ایران موظف است سیاست کلی خود را بر پایه ائتلاف و اتحاد ملل اسلامی قرار دهد و کوشش دیر به عمل آورد تا وحدت سیاسی، اقتصادی و فرهنگی جهان اسلام را تحقق بخشد.

نقد یازدهم:

روابط هر کشور با دیگر کشورها در چارچوب قوانین و حقوق بین المللی و بر پایه ی منافع ملی باید پیگیری شود. ارجحیت مسایل اعتقادی بر منافع ملی، مردم را متضرر و منابع را هدر خواهد داد. در اینجا نیز استناد به اعتقادات مذهبی و کتاب مقدس یک دین شده است که نشانه ی تبعیض برای ادیان و اعتقادات دیگر است.

اصل دوازدهم:

دین رسمی ایران، اسلام و مذهب جعفری اثنی عشری است و این اصل الی الابد غیر قابل تغییر است و مذاهب دیگر اسلامی اعم از حنفی، شافعی، مالکی، حنبلی و زیدی دارای احترام کامل می باشند و پیروان این مذاهب در انجام مراسم مذهبی، طبق فقه خودشان آزادند و در تعلیم و تربیت دینی و احوال شخصیه (ازدواج، طلاق، ارث و وصیت) و دعاوی مربوط به آن در دادگاه ها رسمیت دارند و در هر منطقه ای که پیروان هر یک از این مذاهب اکثریت داشته باشند، مقررات محلی در حدود اختیارات شوراها بر طبق آن مذهب خواهد بود، با حفظ حقوق پیروان سایر مذاهب.

نقد دوازدهم:

تعریف دین رسمی برای انسانهای موجود در یک سرزمین، دخالت و ورود به اعتقادات و حریم شخصی انها است. هر انسانی با هر اعتقادی حق دارد هر گونه که خود تشخیص میدهد در محدوده ی حقوق انسانی اش زندگی کند و در صورت تمایل اعتقادات خود را با دیگران درمیان بگذارد. آزادی قائل شدن برای تعدادی از مذاهب جهت تبلیغ و رسیدگی به امور قضایی و حقوقی و اجرایی آنها بر اساس آن مذاهب عملا رد و نفی دیگر مذاهب و اعتقادات و تبعیض علیه آنهاست. امور قضایی و حقوقی و اجرایی باید بر حقوق مبتنی بر عقل استوار باشد و نه اعتقاد و دین و مذهب. از طرفی وجود اکثریت در یک منطقه دلیلی برای محق بودن آنها و یا نادیده گرفتن و نقض حقوق اقلیت نیست. قوانین یک سرزمین باید بر پایه ی عقل و دفاع از حقوق فردی وضع شود و نه اعتقاد اکثریت. مثال ساده در مورد تبعیت از اکثریت این است که اگر در سرزمینی اکثریت دزد و جنایتکار باشند دلیلی وجود

ندارد که حق با آنها باشد و قانون بر پایه ی خواست و اعتقاد آنها باشد و اقلیت تابع آنها باشند. قانون باید بر پایه ی حق مبتنی بر عقل باشد.

اصل سیزدهم:

ایرانیان زرتشتی، کلیمی و مسیحی تنها اقلیتهای دینی شناخته می شوند که در حدود قانون در انجام مراسم دینی خود آزادند و در احوال شخصیه و تعلیمات دینی بر طبق آیین خود عمل میکنند.

نقد سیزدهم:

تمام ایرادات اصل قبل بر این اصل نیز صادق است. تعریف دین به رسمیت شناخته شده و آزاد بودن در انجام مراسم اعتقادی و دینی برای آنها نشان از تبعیض در مورد بقیه ی اعتقادات و ادیان و اجازه ی سرکوب آنها را دارد. هر فرد با هر اعتقادی که در این سرزمین زندگی می کند باید از حق برابر در همه ی زمینه ها بهره مند باشد. تبعیض و استفاده از کلمه ی اقلیت و اکثریت و مسایل اعتقادی و شخصی نباید جایی در قانون اساسی مملکتی که بر پایه حق و عدل استوار است داشته باشد.

اصل چهاردهم:

به حکم آیه شریفه "لاینهاکم الله عن الدین لم یقاتلوکم فی الدین و لم یخرجوکم من دیارکم ان تبروهم و تقسطوا الیهم ان الله یحب المقسطین" دولت جمهوری اسلامی ایران و مسلمانان موظفند نسبت به افراد غیر مسلمان با

اخلاق حسنه و قسط و عدل اسلامی عمل نمایند و حقوق انسانی آنان را رعایت کنند. این اصل در حق کسانی اعتبار دارد که بر ضد اسلام و جمهوری اسلامی ایران توطیه و اقدام نکنند.

نقد چهاردهم:

در روابط بین افراد، احترام به حقوق یکدیگر اصل است. این حقوق انسانی بر پایه ی استدلال عقل شکل می پذیرد و نه دین و اعتقاد. پررنگ کردن اعتقاد و دین در همه ی اصول قانون، دیدگاه تک بعدی واضعان آن و تمایل به سوء استفاده و یا عدم آشنایی آنان با حق و عدل و اخلاق و بقیه مفاهیم انسانی و فلسفی را آشکار میسازد. چنانچه در بخشی از این اصل می گوید با غیرمسلمانان بر پایه ی عدل اسلامی عمل شود. از این جمله چنین بر می آید که لطف و ارفاقی در حال غیر مسلمانان شده که اولا از حقوق آنان هم اسمی به میان آمده و ثانیا از عدل اسلامی بهره مند شده اند. برقراری عدالت برای همه ی افراد جامعه وظیفه حاکم است و حکومتی که نتواند عدالت را برقرار کند شایستگی حکمرانی ندارد. برخورداری از عدل از اساسی ترین حقوق فرد است که نه بر پایه ی اعتقاد و دین بلکه بر اساس عقل به شکل قانون در می آید. همچنین کسانی را که بر ضد اسلام و جمهوری اسلامی توطئه کنند را از رفتار عادلانه و حقوق انسانی مستثنی می دارد. در اینجا با کنار هم قرار دادن کلمات جمهوری اسلامی و اسلام تلاش شده هر دو را معادل هم نشان دهند. از طرفی رفتار عادلانه با هر فردی لازمه ی حکومت عادل است. هر فردی در جامعه از جمله توطئه گران نیز دارای حقوق انسانی هستند و در برابر قانون عدالت محور باید حقوق برابر با بقیه ی اقشار داشته باشند و به طور شفاف و طبق قوانین قضایی نسبت به اتهامشان رسیدگی و در صورت اثبات جرم باید طبق قوانین و با رعایت حقوق انسانی مبتنی بر عقل مجازات شوند.

این اصل هم نشان از تبعیض و نابرابری در مقابل قانون و عدم تحمل اعتقادات مخالف و توطئه جلوه دادن هر گونه اعتراضی و ترویج رفتار غیرانسانی و خشونت بار را دارد. هر فردی با هر اعتقاد و دین و مذهب و قومیتی باید از کلیه ی حقوق انسانی مبتنی بر عقل برخوردار باشد و همه ی افراد با هر اعتقاد و دین و مذهب و قومیت و در هر مقامی در مقابل قانون با هم برابر باشند. مجازات مجرمان به طور عادلانه و با برخورداری از حقوق انسانی و متناسب با جرم باید

صورت پذیرد. در اینجا در مورد عکس قضیه، یعنی مجازات در موارد توطئه ی حکومت و عوامل حکومتی و اطلاعاتی و امنیتی بر علیه فرد مطلبی بیان نشده است.

اصل پانزدهم:
زبان و خط رسمی و مشترک مردم ایران فارس است. اسناد و مکاتبات و متون رسمی و کتب درسی باید با این زبان و خط باشد ولی استفاده از زبانهای محلی و قومی در مطبوعات و رسانه های گروهی و تدریس ادبیات آنها در مدارس، در کنار زبان فارسی آزاد است.

نقد پانزدهم:
زبان و خط از راههای ارتباط بین افراد است و استفاده از زبان و خط مشترک و آموزش آن به قومیت هایی که زبان یا گویش متفاوت دارند الزامی است همچنانکه استفاده از زبانها و گویش محلی در قومیت های مختلف نیز رایج است. کلمات عربی روی پرچم فعلی ایران به چشم می خورد که ناقض این اصل است.

اصل شانزدهم:
از آنجا که زبان قرآن و علوم و معارف اسلامی عربی است و ادبیات فارسی کاملا با آن آمیخته است این زبان باید پس از دوره ابتدایی تا پایان دوره متوسطه در همه کلاسها و در همه رشته ها تدریس شود.

نقد شانزدهم:
آموزش و تدریس زبان دیگر در مدارس امری مثبت است اما این مسئله ای است که باید در برنامه ریزیهای آموزشی و طبق نظر کارشناسان آموزشی بررسی شود

نه در قانون اساسی مملکت. ارتباط دادن مسایل آموزشی با دین و الزامی کردن تدریس زبان یکی از ادیان نیز نمونه ای از تداخل امور و ورود اعتقادات به عرصه ی آموزش است. علاوه بر اینکه این اصل، تبعیضی بین ادیان است. از طرفی بسیاری از واژه ها از زبانهای دیگر به جز عربی وارد زبان فارسی شده اند ولی از آموزش آنها در مدارس سخنی به میان نیامده است.

اصل هفدهم:
مبدا تاریخ رسمی کشور هجرت پیامبر اسلام (صلی الله علیه و آله و سلم) است و تاریخ هجری شمسی و هجری قمری هر دو معتبر است، اما مبنای کار ادارات دولتی هجری شمسی است. تعطیل رسمی هفتگی روز جمعه است.

نقد هفدهم:
مبدا تاریخ کشور شایسته است زمانی باشد که اولین تمدن منسجم در آن کشور شکل گرفته و وقایع آن ثبت گردیده است. در مورد ایران این تاریخ می تواند به زمان ایجاد پادشاهی هخامنشی بازگردد. در مورد دلیل انتخاب روز تعطیل رسمی هفتگی توضیحی داده نشده است.

اصل هجدهم:
پرچم رسمی ایران به رنگهای سبز و سفید و سرخ با علامت مخصوص جمهوری اسلامی و شعار "الله اکبر" است.

نقد هجدهم:
نوشته ی عربی بر روی پرچم ایران ناقض اصل پانزدهم همین قانون است. تناقض در اصول این قانون اساسی به وفور یافت می شود.

اصل نوزدهم:

مردم ایران از هر قوم و قبیله که باشند از حقوق مساوی برخوردارند و رنگ، نژاد، زبان و مانند اینها سبب امتیاز نخواهد بود.

نقد نوزدهم:

در این اصل از مردم نام میبرد یعنی حکومت یا دولت را از بقیه ی افراد جدا می کند. به جای مردم شایسته است از افراد استفاده می شد به این معنی که همه ی افراد در هر مقام را شامل شود. در اینجا از قوم، قبیله، رنگ، نژاد، زبان نام میبرد، اما هیچ صحبتی از دین و مذهب و اعتقاد نمیبرد.

هر فردی با هر اعتقاد و دین و مذهب و قومیت و نژاد و زبانی باید از کلیه ی حقوق انسانی مبتنی بر عقل برخوردار باشد و همه ی افراد با هر اعتقاد و دین و مذهب و قومیت و در هر مقامی باید در مقابل قانون با هم برابر باشند. بدین معنی که مثلا اگر قانون می گوید تجاوز به حق بد است برای همه بد است، برای هر کس در هر مقام و جایگاهی.

اصل بیستم:

همه افراد ملت اعم از زن و مرد یکسان در حمایت قانون قرار دارند و از همه حقوق انسانی، سیاسی، اقتصادی، اجتماعی و فرهنگی با رعایت و موازین اسلام برخوردارند.

نقد بیستم:

در این اصل از مردم و اسلام نام میبرد که هر دو برای قانون اساسی یک مملکت محدود کننده و تبعیض آمیزند. صحبت از مردم، جدا کردن مقامات حکومت از بقیه ی افراد است. محدودیت باید تنها توسط حق فرد بر پایه ی عقل و نه چیزی بیش از آن در نظر گرفته شود. دین اسلام از لحاظ حقوقی در موارد مختلف از جمله بین زن و مرد تفاوت قائل می شود.

اصل بیست و یکم:

دولت موظف است حقوق زن را در تمام جهات با رعایت موازین اسلامی تضمین نماید و امور زیر را انجام دهد: ۱ - ایجاد زمینه های مساعد برای رشد شخصیت زن و احیا حقوق مادی و معنوی او. ۲ - حمایت مادران، بالخصوص در دوران بارداری و حضانت فرزند، و حمایت از کودکان بی سرپرست. ۳ - ایجاد دادگاه صالح برای حفظ کیان و بقای خانواده. ٤ - ایجاد بیمه خاص بیوگان و زنان سالخورده و بی سرپرست. ٥ - اعطای قیمومت فرزندان به مادران شایسته در جهت غبطه آنها در صورت نبودن ولی شرعی.

نقد بیست و یکم:
حمایت از حقوق افراد خصوصا افرادی که در شرایط خاص بسر میبرند وظیفه ی حاکمیت است. قانون اساسی باید حقوق انسان را در نظر بگیرد و انسان شامل جنسیت های مختلف از جمله زنان می شود. همه ی افرادی که در شرایط خاص قرار گرفته اند متناسب با وضعیت فرد باید مورد حمایت قرار گیرند. در بند یک همین اصل از احیای حقوق مادی و معنوی زن طبق موازین اسلام سخن می گوید در حالی که موازین اسلامی علی الخصوص در مورد حقوق زن تبعیض آمیز است.

اصل بیست و دوم:
حیثیت، جان، مال، حقوق، مسکن و شغل اشخاص از تعرض مصون است مگر در مواردی که قانون تجویز کند.

نقد بیست و دوم:
در حکومتهای دیکتاتوری بیشترین تعرض از سوی حکومت و سازمانهایی است که دارای قدرت هستند، حکومتی که قانون پشتوانه ی آن است و برای تعرض به حیثیت و جان و مال کسانی که به رفتار حاکمان اعتراض می کنند قانون وضع می کند . تعرض، نقض حق است و معمولا همراه با خشونت. ارجاع تشخیص اینکه به حیثیت، جان و مال چه کسی و در چه موردی می توان تعرض نمود به قانونی که تبعیض آمیز است، نقض آشکار حقوق انسان در قالب قانون است. مجازات متعرضان و ناقضان حقوق دیگران تنها بر اساس قوانین شفاف و به میزان جرم باید صورت پذیرد.

این اصل تعرض به حق، حیثیت، جان، مسکن و شغل فردی که قانون تبعیض آمیز، مجرم می داند را جایز میشمارد. وظیفه ی قانون فراهم آوردن شرایط جهت احقاق

حق است. هر جرمی نیز مجازاتی متناسب با جرم باید داشته باشد البته بر طبق قانون حق محور و نه قوانین تبعیض محور. در قانونی که مملو از تبعیض باشد و یا بر مبنای یک اعتقاد خاص وضع شده باشد تعریف مجرم و جرایم با قانون حق محور متفاوت است.

اصل بیست و سوم:
تفتیش عقاید ممنوع است و هیچکس را نمیتوان به صرف داشتن عقیده ای مورد تعرض و مواخذه قرار دارد.

نقد بیست و سوم:
این یک اصل محوری در آزادی عقیده است. البته در مورد بیان عقیده در این اصل صحبتی به میان نیامده است و همینطور در مورد نوع و نحوه ی مجازات کسانی که به تفتیش عقاید و استراق سمع و ثبت و ضبط و خواندن افکار افراد میپردازند. خصوصا در دوره ای که توسط نیروهای اطلاعاتی و امنیتی و از طریق تجهیزات الکترونیکی و الکترو مغناطیس، خواندن افکار فرد از راه دور بدون اطلاع افراد در حال انجام است.

اصل بیست وچهارم:
نشریات و مطبوعات در بیان مطالب آزادند مگر آن که مخل به مبانی اسلام یا حقوق عمومی باشد تفصیل آن را قانون معین می کند.

نقد بیست و چهارم:
رسالت و وظیفه ی مطبوعات اطلاع رسانی در جهت شفاف سازی و بیان حقایق مبتنی بر حق است. این عمل از طریق انعکاس رویدادها و تجزیه و تحلیل آنها به روشهای مختلف صورت میگیرد. مطالب مطبوعات باید بر پایه ی حقیقت و عدم تجاوز به حق منتشر گردند. محدودیت های دیگر از قبیل مبانی دینی، آزادی مطبوعات را زیر سوال میبرد.

اصل بیست و پنجم:
بازرسی و نرساندن نامه ها، ضبط و فاش کردن مکالمات تلفنی، افشای مخابرات تلگرافی و تلکس، سانسور، عدم مخابره و نرساندن آنها، استراق سمع و هر گونه تجسس ممنوع است مگر به حکم قانون.

نقد بیست و پنجم:
در یک حکومت دیکتاتوری، قانونگزار و مجری قانون و قضاوت کننده یکی هستند. قانون چنین حکومتی بر مبنای منفعت حاکمان و سرکوب مخالفان و سلطه بر افراد جامعه است. سیستم های اطلاعاتی و امنیتی که جزیی از این حکومت دیکتاتوری اند وظیفه ی سرکوب هر گونه مخالفت قبل از گسترش آن را دارند. تجسس و شنود و خواندن افکار و برنامه ریزی و توطئه جهت نابودی عوامل مخالف بر عهده ی سازمان های اطلاعاتی و امنیتی است که قانون و حکومت پشتیبان آنهاست. سرکوب مخالفان در چنین حکومتهایی به بدترین شکل و بصورت سازماندهی شده بر پایه ی تجسس و شنود و ورود به حریم فرد صورت می پذیرد. بنابراین طبق این اصل سازمانهای اطلاعاتی و امنیتی در همه موارد مجوز ورود به حریم شخصی فرد را دارند. با ذکر "مگر به حکم قانون" بازرسی و عدم تحویل نامه و ضبط و فاش کردن مکالمات و عدم مخابره و افشای مکالمات و سانسور نیز به تشخیص قانونی که پشتیبان حاکمیت و نه حقوق فرد است مجاز دانسته شده است.

اصل بیست و ششم:
احزاب، جمعیت ها، انجمن های سیاسی و صنفی و انجمنهای اسلامی یا اقلیتهای دینی شناخته شده آزادند، مشروط به این که اصول استقلال، آزادی، وحدت ملی، موازین اسلامی و اساس جمهور اسلامی را نقض نکنند. هیچکس را نمی توان از شرکت در آنها منع کرد یا به شرکت در یکی از آنها مجبور ساخت.

نقد بیست و ششم:
احزاب و اصناف و تشکل ها می توانند با ارائه ی راهکار و تجزیه و تحلیل مسایل و بررسی مکتب های مختلف فکری و فلسفی و سیاسی در بهبود امور مملکتی نقش

مهمی ایفا کنند. مشروط کردن فعالیت اینگونه جمعیتها به عدم تناقض با اساس جمهوری اسلامی که خود، ساخته و پرداخته ی عده ای از اعضای یک حزب سیاسی با اعتقادات خاص میباشد متناقض با آزادی احزاب است. استقلال، آزادی، وحدت ملی با تجزیه و تحلیل امور به خطر نخواهد افتاد بلکه با تبعیض و تک قطبی بودن و استبداد حاکمان و عدم پذیرش عقاید مخالف و توطئه برای مخالفان به وقوع خواهد پیوست. شرط مطابقت با موازین اسلامی علاوه بر تبعیض بین ادیان، محدود کننده ی فعالیت احزاب به یک طیف فکری یا عقیدتی خاص است.

اصل بیست و هفتم:
تشکیل اجتماعات و راه پیمایی ها، بدون حمل سلاح، به شرط آن که مخل به مبانی اسلام نباشد آزاد است.

نقد بیست و هفتم:
برگزاری تجمع و راهپیمایی و اعتراض به امور و بیان خواسته ها بصورت مسالمت آمیز باید بدون پیش شرط قابل انجام باشد. حکومت باید برای مردم باشد نه مردم برای حکومت. وظیفه ی اصلی حکومت احقاق حق، برقراری عدالت و ایجاد هماهنگی های لازم جهت پیشرفت و رفاه مردم است. راهپیمایی و تجمعات مردمی به طور معمول جهت اعتراض به عمل حکومت یا درخواست رسیدگی به خواسته ها و حقوق برگزار می شود. بنابراین حکومت حق ممانعت از برگزاری تجمعات و راهپیمایی های مسالمت آمیز را ندارد.

اصل بیست و هشتم:
هر کس حق دارد شغلی را که بدان مایل است و مخالف اسلام و مصالح عمومی و حقوق دیگران نیست برگزیند. دولت موظف است با رعایت نیاز جامعه به مشاغل گوناگون، برای همه افراد امکان اشتغال به کار و شرایط مساوی را برای احراز مشاغل ایجاد نماید.

نقد بیست و هشتم:
ایجاد شرایط مساوی برای افراد جهت دسترسی به موقعیت های شغلی لازمه ی حاکمیت عدالت است. این بدین معنی است که سهمیه های خاص برای ارگان ها و افراد خاص در نظر گرفته نشود و مصاحبه های عقیدتی از داوطلبان استخدام انجام

نشود. علاوه بر اینکه فعالیتها باید برحسب تجاوز به حقوق دیگران مورد بررسی یا بازخواست قرار گیرند و نه مخالفت با یک دین یا اعتقاد خاص.

اصل بیست و نهم:
برخورداری از تامین اجتماعی از نظر بازنشستگی، بیکاری، پیری، ازکارافتادگی، بی سرپرستی، در راه ماندگی، حوادث و سوانح، نیاز به خدمات بهداشتی درمانی و مراقبتهای پزشکی به صورت بیمه و غیره، حقی است همگانی. دولت موظف است طبق قوانین از محل درآمدهای عمومی و درآمدهای حاصل از مشارکت مردم، خدمات و حمایتهای مالی فوق را برای یک یک افراد کشور تامین کند.

نقد بیست و نهم:
خدمات تامین اجتماعی و بیمه در موارد مختلف مثل بیکاری و درمان و بازنشستگی و موارد دیگر از جمله نیازهایی است که باید در سطوح مختلف و بدون تبعیض اعمال گردد. شرایط و ضوابط متفاوت در نحوه و میزان پرداخت توسط ارگانها و نهادها و شرکت های مختلف باعث تبعیض در ارائه ی این خدمات میشود. قوانین یکسان و برابری باید وضع گردد تا عدالت شامل حال همه ی افراد گردد.

اصل سی ام:
دولت موظف است وسایل آموزش و پرورش رایگان را برای همه ملت تا پایان دوره متوسطه فراهم سازد و وسایل تحصیلات عالی را تا سر حد خودکفایی کشور به طور رایگان گسترش می دهد.

نقد سی ام:
آموزش رایگان در سطوح مختلف تحصیلی باعث گسترش علم و پیشرفت دانش و تکنولوژی و همچنین افزایش درک عمومی جامعه خواهد شد و امری لازم و مفید است. علاوه بر آموزش رایگان فراهم نمودن شرایط تحصیل و امکانات از جمله تغذیه و لباس فرم رایگان و خوابگاه نیز باید مد نظر قرار گیرد. در صورت امکان

میتوان مقرری ماهیانه نیز برای دانش آموز یا دانشجو در نظر گرفت. عملی که در حوزه های علمیه دینی مرسوم است.

اصل سی و یکم:
داشتن مسکن متناسب با نیاز، حق هر فرد و خانواده ایرانی است. دولت موظف است با رعایت اولویت برای آنها که نیازمندترند به خصوص روستانشینان و کارگران زمینه اجرای این اصل را فراهم کند.

نقد سی و یکم:
برخورداری از امکانات اولیه ی زندگی حق هر شهروند است. برقراری عدالت با شفاف سازی و جلوگیری از فساد میسر است. تخصیص بودجه برای دستیابی اقشار مختلف مردم به امکانات اولیه زندگی با شفافیت در امور حکومتی و اقتصادی و جلوگیری از فساد، برنامه ریزی های اصولی و تخصیص صحیح بودجه امکانپذیر است. برای کشوری مانند ایران که سرشار از منابع طبیعی علاوه بر منابع مالی که دیگر کشورها دارند است برقراری عدالت و برخورداری از رفاه نسبی برای همه ی اقشار جامعه، سهل الوصول است.

اصل سی و دوم:
هیچکس را نمی توان دستگیر کرد مگر به حکم و ترتیبی که قانون معین می کند در صورت بازداشت، موضوع اتهام باید با ذکر دلایل بلافاصله کتبا به متهم ابلاغ و تفهیم شود و حداکثر ظرف مدت بیست و چهار ساعت پرونده مقدماتی به مراجع صالحه قضایی ارسال و مقدمات محاکمه، در اسرع وقت فراهم گردد. متخلف از این اصل طبق قانون مجازات می شود.

نقد سی و دوم:
دستگیری فرد فقط طبق قانون و با ابلاغ اتهام و دلایل آن به متهم قابل انجام است در صورتیکه قانون بر پایه ی حق و عدالت وضع شده باشد. قانونی که هر عملی بر خلاف نظر حاکمیت را جرم بشمارد، میزان مناسبی جهت سنجش نیست.

اصل سی و سوم:

هیچکس را نمی توان از محل اقامت خود تبعید کرد یا از اقامت در محل مورد علاقه اش ممنوع یا به اقامت در محلی مجبور ساخت، مگر در مواردی که قانون مقرر می دارد.

نقد سی و سوم:
اختیار عمل در هر زمینه ای حق هر فرد است تا وقتی که به حقوق دیگران تجاوز نکند. این شامل انتخاب محل زندگی نیز میشود. هر فردی آزاد است در محل مورد علاقه اش اقامت داشته باشد. تا زمانیکه فرد، حق دیگران را ضایع نکند نباید محاکمه و مجازات شود. علاوه بر اینکه مجازات باید متناسب با جرم و طبق قانونی که بر پایه ی حق و عدالت باشد صورت گیرد.

اصل سی و چهارم:
دادخواهی حق مسلم هر فرد است و هر کس می تواند به منظور دادخواهی به دادگاه های صالح رجوع نماید. همه افراد ملت حق دارند این گونه دادگاه ها را در دسترس داشته باشند و هیچکس را نمی تواند از دادگاهی که به موجب قانون حق مراجعه به آن را دارد منع کرد.

نقد سی و چهارم:
دادگاه صالح دادگاهی است که بتواند احقاق حق کند و عدالت را برقرار کند. رای دادگاه طبق قوانین صادر می شود و اگر قانون بر پایه ی حق وضع نشده باشد یا تبعیض آمیز باشد، حکم صادره مغایر با حق و عدالت خواهد بود.

قانونی که بر پایه ی اصول یک دین یا یک دیدگاه فلسفی و سیاسی خاص وضع شده باشد تبعیض آمیز و منحرف از حق است. قوانین باید بر پایه حق وضع شده باشند تا احکامی که طبق آن صادر میشوند حق را به حقدار بدهند.

اصل سی و پنجم:
در همه دادگاه ها طرفین دعوی حق دارند برای خود وکیل انتخاب نمایندو اگر توانای انتخاب وکیل را نداشته باشند باید برای آنها امکانات تعیین وکیل فراهم گردد.

نقد سی و پنجم:
به دلیل عدم آشنایی عموم مردم با قوانین نیاز است جهت عدم پایمال شدن حق، فردی که با قوانین آشنایی دارد به یاری افراد گماشته شود. تعیین وکیل در دعوی، در برقراری عدالت کمک موثری خواهد کرد. آموزش عموم جهت آشنایی با مفاهیم حق و عدالت در کاهش دعاوی موثر خواهد بود.

اصل سی و ششم:
حکم به مجازات و اجرا آن باید تنها از طریق دادگاه صالح و به موجب قانون باشد.

نقد سی و ششم:
مجازات باید بر اساس قانونی باشد که بر پایه ی حق است و نه بر پایه ی دین یا سیاست حزب و یا عرف یا خواست اکثریت. دادگاه باید حکم در گستره ی حق بدهد نه غیر آن. تنها چنین دادگاهی با چنین قانونی صلاحیت صدور حکم مجازات را دارد.

اصل سی و هفتم:
اصل، برائت است و هیچکس از نظر قانون مجرم شناخته نمی شود، مگر این که جرم او در دادگاه صالح ثابت گردد.

نقد سی و هفتم:
هیچکس مجرم نیست مگر اینکه دادگاه با حضور متهم و شاکی با ابلاغ اتهام به متهم و بصورت علنی و کاملا شفاف و با در دسترس بودن وکیل برای متهم و فرصت دفاع در برابر اتهامات، بر اساس قانون حق محور، تشخیص به مجرم بودن فرد داده و آنرا به او ابلاغ کرده باشد. حق اعتراض به رای صادره باید محفوظ باشد. هر گونه تعقیب یا پیگرد قبل از صدور چنین حکمی نقض حق فرد خواهد بود و فرد باید امکان شکایت جهت محاکمه و مجازات ناقضان را داشته باشد.

اصل سی و هشتم:
هر گونه شکنجه برای گرفتن اقرار و یا کسب اطلاع ممنوع است. اجبار شخص به شهادت، اقرار یا سوگند، مجاز نیست و چنین شهادت و اقرار و سوگندی فاقد ارزش و اعتبار است. متخلف از این اصل طبق قانون مجازات می شود.

نقد سی و هشتم:
شکنجه جرم محسوب می شود و نه تنها در مورد اقرار یا اعتراف و کسب اطلاع ممنوع است بلکه در همه ی زمینه ها باید امکان شکایت از عاملان شکنجه جهت مجازاتشان وجود داشته باشد. بدیهی است اقرار به جرم تحت شکنجه هیچ ارزش و اعتباری نخواهد داشت.

اصل سی و نهم:
هتک حرمت و حیثیت کسی که به حکم قانون دستگیر، بازداشت، زندانی یا تبعید شده، به هر صورت که باشد ممنوع و موجب مجازات است.

نقد سی ونهم:
هتک حرمت و تجاوز به حریم و شخصیت فرد و ریختن آبروی افراد به هر طریق و در هر شرایطی مستوجب مجازات است. هر عملی بدون رضایت در مورد فرد انجام گردد تجاوز به حقوقش محسوب می گردد و باید امکان پیگیری و شکایت از متجاوزان به سهولت امکانپذیر باشد. این کار عموما توسط عاملان حکومت و بصورت سازماندهی شده انجام می گردد و قوانین شفافی جهت مجازات عاملان باید وجود داشته باشد. درمورد افراد بازداشتی یا زندانی یا تبعیدی که از امکانات کمتری برخوردارند باید امکان شکایت از متجاوزان و هتاکان در اولین فرصت پس از درخواست رسیدگی فراهم آید.

اصل چهلم:
هیچکس نمی تواند اعمال حق خویش را وسیله اضرار به غیر یا تجاوز به منافع عمومی قرار دهد.

نقد چهلم:
مفهوم حق برای عموم باید به خوبی بیان شود. مسلم است که نقض حق دیگری نمیتواند حق فرد باشد. بالا بردن درک عموم در مورد مفاهیم به ظاهر ساده و اولیه ای چون حق، سهم، رضایت، تجاوز، خوب، بد، عدالت و امثال آن میتواند در برقراری عدالت راهگشا باشد.

اصل چهل و یکم:
تابعیت کشور ایران حق مسلم هر فرد ایرانی و دولت نمی تواند از هیچ ایرانی سلب تابعیت کند، مگر به درخواست خود او و یا در صورتی که به تابعیت کشور دیگری درآید.

نقد چهل و یکم:
داشتن تابعیت کشور دیگر نباید سلب کننده ی تابعیت فرد از موطن خود شود، تنها با درخواست فرد جهت لغو تابعیت میتوان تابعیت او را سلب کرد.

اصل چهل و دوم:
اتباع خارجه می توانند در حدود قوانین به تابعیت ایران در آیند و سلب تابعیت اینگونه اشخاص در صورتی ممکن است که دولت دیگری تابعیت آنها را بپذیرد یا خود آنها درخواست کنند.

نقد چهل و دوم:
با پذیرفتن تابعیت فرد خارجی، وی همانند دیگر شهروندان باید از حقوق شهروندی برخوردار باشد، ضمن اینکه نمیتوان فرد را از تابعیت موطن اصلی اش، محروم کرد. تابعیت فرد خارجی را به درخواست خودش میتوان سلب کرد و یا داشتن تابعیت کشور دیگری به جزء موطن اش. گرچه شاید دلیلی منطقی برای لغو چند تابعیتی بودن افراد وجود ندارد.

اصل چهل و سوم:
برای تامین استقلال اقتصادی جامعه و ریشه کن کردن فقر و محرومیت و برآوردن نیازهای انسان در جریان رشد، با حفظ آزادی او، اقتصاد جمهوری اسلامی ایران بر اساس ضوابط زیر استوار می شود: ۱ - تامین نیازهای

اساسی: مسکن، خوراك، پوشاك، بهداشت، درمان، آموزش و پرورش و امکانات لازم برای تشکیل خانواده برای همه. ۲ - تامین شرایط و امکانات کار برای همه به منظور رسیدن به اشتغال کامل و قرار دادن وسایل کار در اختیار همه کسانی که قادر به کارند ولی وسایل کار ندارند، در شکل تعاونی، از راه وام بدون بهره یا هر راه مشروع دیگر که نه به تمرکز و تداول ثروت در دست افراد و گروه های خاص منتهی شود و نه دولت را به صورت یك کارفرمای بزرگ مطلق درآورد. این اقدام باید با رعایت ضرورت های حاکم بر برنامه ریزی عمومی اقتصاد کشور در هر یك از مراحل رشد صورت گیرد. ۳ - تنظیم برنامه اقتصادی کشور به صورتی که شکل و محتوا و ساعت کار چنان باشد که هر فرد علاوه بر تلاش شغلی ، فرصت و توان کافی برای خودسازی معنوی، سیاسی و اجتماعی و شرکت فعال در رهبری کشور و افزایش مهارت و ابتکار داشته باشد. ٤ - رعایت آزادی انتخاب شغل، و عدم اجبار افراد به کاری معین و جلوگیری از بهره کشی از کار دیگری. ٥ - منع اضرار به غیر و انحصار و احتکار و ربا و دیگر معاملات باطل و حرام. ٦ - منع اسراف و تبذیر در همه شیون مربوط به اقتصاد، اعم از مصرف، سرمایه گذاری، تولید، توزیع و خدمات. ۷ - استفاده از علوم و فنون و تربیت افراد ماهر به نسبت احتیاج برای توسعه و پیشرفت اقتصاد کشور. ۸ - جلوگیری از سلطه اقتصادی بیگانه بر اقتصاد کشور. ۹ - تاکید بر افزایش تولیدات کشاورزی، دامی و صنعتی که نیازهای عمومی را تامین کند و کشور را به مرحله خودکفایی برساند و از وابستگی برهاند.

نقد چهل و سوم:
از وظایف حکومت فراهم نمودن شرایط و امکانات جهت پیشرفت کشور و رفاه مردم و برقراری عدالت است. استقلال و پیشرفت اقتصادی نیز از این جمله است. حکومت طبق آمار، باید برای هر فرد برنامه ریزی مناسب داشته باشد و امکانات بهداشتی و درمانی و آموزشی و شغلی را بر اساس آمار و با توجه به نوع حکومت و سیستم اقتصادی فراهم سازد. میتوان مستقیما امکانات را بصورت دولتی در اختیار افراد گذاشت و یا غیرمستقیم و از طریق تعرفه ی بازار امکانات را عرضه کرد. در هر صورت ایجاد و در دسترس قرار دادن امکانات نیاز به برنامه ریزی حکومتی دارد. رفع انحصار از مجوزهای تجاری و فعالیتهای اقتصادی، جلوگیری از اختلاس و پولشویی و فساد مالی، جلوگیری از پرداخت وامهای کلان به افراد خاص به ناحق و بدون پشتوانه، افزودن ارزش افزوده به مواد و جلوگیری از خام فروشی، فراهم نمودن زمینه ی گسترش فعالیتهای تولیدی، هزینه نکردن دارایی ملت و ثروت ملی برای افزایش تسلط و قدرت حاکمان و نفوذ سیاسی در کشور و خارج از آن، پاسخگویی افراد، موسسات، نهادها و سازمان ها و وزارتخانه ها جهت هزینه ی بودجه اختصاصی بطور شفاف، جلوگیری از تخصیص بودجه ملی به موسسات و نهادهای خاص حکومتی که منفعتی برای ملت ندارد، حسابرسی امور مالی موسسات و نهادهای دینی و خیریه، علنی کردن و شفاف سازی تمام

فعالیتهای اقتصادی بطوری که به سهولت قابل پیگیری باشد، و برنامه ریزی صحیح و شفاف بلند مدت جهت پیشرفت اقتصادی از اصول اولیه جهت داشتن اقتصاد قدرتمند و محرومیت زدایی از جامعه و برقراری عدالت است. حکومتی که سران آن فاسد باشند نمیتواند عدالت را برقرار و فقر را ریشه کن کند، چنین حکومتی قوانین را بر پایه منافع حاکمان و نه مردم خواهد نگاشت.

اصل چهل و چهارم:

نظام اقتصادی جمهور اسلامی ایران بر پایه سه بخش دولتی، تعاونی و خصوصی با برنامه ریزی منظم و صحیح استوار است. بخش دولتی شامل کلیه صنایع بزرگ، صنایع مادر، بازرگانی خارجی، معادن بزرگ، بانکداری، بیمه، تامین نیرو، سدها و شبکه های بزرگ آبرسانی، رادیو و تلویزیون، پست و تلگراف و تلفن، هواپیمایی، کشتیرانی، راه و راه آهن و مانند اینها است که به صورت مالکیت عمومی و در اختیار دولت است. بخش خصوصی شامل آن قسمت از کشاورزی، دامداری، صنعت، تجارت و خدمات می شود که مکمل فعالیتهای اقتصادی دولتی و تعاونی است. مالکیت در این سه بخش تا جایی که با اصول از محدوده قوانین اسلام خارج نشود و موجب دیگر این فصل مطابق باشد و رشد و توسعه اقتصادی کشور گردد و مایه زیان جامعه نشود مورد حمایت قانون جمهوری اسلامی است. تفصیل ضوابط و قلمرو و شرایط هر سه بخش را قانون معین می کند.

نقد چهل و چهارم:

هر فعالیتی که در آن تبادل پول یا کالا انجام شود و یا از آن درآمدی حاصل شود بنگاه اقتصادی خواهد بود. بنگاه اقتصادی یا دولتی است یا غیردولتی یا مشارکتی بین دولتی و غیردولتی که در هر صورت همه ی بنگاه ها با مجوز دولت و بر طبق قوانین وضع شده فعالیت می کنند. در اینجا در مورد درآمد حاصل از فعالیتهای مذهبی مانند زیارتگاهها و خیرات و نذورات و اوقاف و نحوه ی تحصیل و برداشت و خرج منابع مالی آن صحبتی به میان نیامده است.

اصل چهل و پنجم:

انفال و ثروتهای عمومی از قبیل زمینهای موات یا رها شده، معادن، دریاها، دریاچه، رودخانه ها و سایر آبهای عمومی، کوه ها، دره ها ، جنگلها، نیزارها، بیشه های طبیعی، مراتعی که حریم نیست، ارث بدون وارث، و اموال مجهول

المالك و اموال عمومی که از غاصبین مسترد می شود. در اختیار حکومت اسلامی است تا بر طبق مصالح عامه نسبت به آنها عمل نماید. تفصیل و ترتیب استفاده از هر یك را قانون معین می کند.

نقد چهل و پنجم:
حاکمیت باید نماینده ی کل مردم باشد و بر اساس منافع مردم و با شفافیت کامل و در شرایط برابر برای همه ی افراد در چارچوب قانون و با مجوز مجالس مربوطه نسبت به اموال عمومی تصمیم گیری نماید.

اصل چهل و ششم:
هر کس مالك حاصل کسب و کار مشروع خویش است و هیچکس نمی تواند به عنوان مالکیت نسبت به کسب و کار خود امکان کسب و کار را از دیگری سلب کند.

نقد چهل و ششم:
کسب و کار حقی است مانند دیگر حقوق و هیچ کس اجازه تجاوز به حقوق دیگران را ندارد. این اصل مربوط به حق است و نیاز به ذکر آن در قانون اساسی در صورتی که مفهوم حق در قانون بیان شده باشد نیست.

اصل چهل و هفتم:
مالکیت شخصی که از راه مشروع باشد محترم است. ضوابط آن را قانون معین می کند.

نقد چهل و هفتم:
نیاز به ذکر این اصل نیست در صورتیکه مفهوم حق در قانون بیان شده باشد.
ضمن اینکه قانونی یا محترم بودن کسب و کار تنها با مفهوم حق قابل داوری است و نه شرع و موارد دیگر.

اصل چهل و هشتم:
در بهره برداری از منابع طبیعی و استفاده از درآمدهای ملی در سطح استانها و توزیع فعالیتهای اقتصادی میان استانها و مناطق مختلف کشور، باید تبعیض در

کار نباشد، به طوری که هر منطقه فراخور نیازها و استعداد رشد خود، سرمایه و امکانات لازم در دسترس داشته باشد.

نقد چهل و هشتم:
تخصیص سرمایه باید بر پایه ی منابع و استعداد طبیعی و جمعیت و نیاز مردم منطقه صورت پذیرد. تبعیض در هیچ موردی قابل پذیرش نیست. روشهای مختلفی جهت محاسبه تخصیص بودجه به مناطق و شهر های مختلف وجود دارد که با هم متفاوتند که با توجه به نوع حکومت میتوان از یکی از آنها بعنوان اصل قانونی استفاده کرد.

اصل چهل و نهم:
دولت موظف است ثروتهای ناشی از ربا، غصب، رشوه، اختلاس، سرقت، قمار، سو استفاده از موقوفات، سو استفاده از مقاطعه کاریها و معاملات دولتی، فروش زمینهای موات و مباحات اصلی، دایر کردن اماکن فساد و سایر موارد غیر مشروع را گرفته و به صاحب حق رد کند و در صورت معلوم نبودن او به بیت المال بدهد. این حکم باید با رسیدگی و تحقیق و ثبوت شرعی به وسیله دولت اجرا شود.

نقد چهل و نهم:
قانون اساسی مرجعی جهت ذکر اصول بنیادی و اصول اساسی مربوط به حق و برقراری عدالت و نحوه ی تشکیل حکومت و تقسیم و استفاده از قدرت، ایجاد و کارکرد تشکیلات حکومتی، استفاده از منابع، طرز عملکردهای سیاسی و حقوقی و اقتصادی کلان است. سرقت و اختلاس و سوء استفاده اقتصادی تجاوز به حق محسوب می شوند و مطابق با اولین اصل قانون اساسی منطبق بر حق باید با آن برخوردی متناسب با جرم انجام شده با ارجاع به دستگاه قضا و طبق قوانین قضایی وضع شده بر پایه ی حق و عدالت صورت پذیرد. بنابراین نیازی به ذکر این موارد بصورت اصل در قانون اساسی نمیباشد. مضاف بر اینکه مسایل اجتماعی با مقیاس حق بررسی میشوند و نه شرع.

اصل پنجاه:
در جمهوری اسلامی، حفاظت محیط زیست که نسل امروز و نسلهای بعد باید در آن حیات اجتماعی رو به رشدی داشته باشند، وظیفه عمومی تلقی می گردد. از این رو فعالیتهای اقتصادی و غیر آن که با آلودگی محیط زیست یا تخریب غیر قابل جبران آن ملازمه پیدا کند، ممنوع است.

نقد پنجاه:
اولویت دادن حفظ محیط زیست بر فعالیتهای اقتصادی، دارای اهمیت است. منافع اقتصادی نباید باعث متضرر شدن منابع زیستی شود. علاوه بر آن محیط زیست مختص انسان نیست بلکه جانداران دیگر نیز از آن استفاده می کنند و خسارت به آن نه تنها برای نسل های بعد انسان خطرساز است بلکه حق جانداران دیگر را نیز ضایع می کند.

اصل پنجاه و یکم:
هیچ نوع مالیات وضع نمی شود مگر به موجب قانون. موارد معافیت و بخشودگی و تخفیف مالیاتی به موجب قانون مشخص می شود.

نقد پنجاه و یکم:
سیستم های مختلفی را جهت دستگاه اقتصادی کشور میتوان طرح ریزی کرد. میزان نظارت حکومت بر بازار و داد و ستدها و اموال و منابع بر حسب نوع حکومت میتواند متغیر باشد. اقتصاد کشور باید مبتنی بر اصولی باشد که علاوه بر آزادی در کسب مال بر پایه ی حق، از تجمع آن در دست عده ای محدود جلوگیری نماید و میزان تسهیلات و رفاه و آسایش را برای عموم افزایش دهد. مالیات یکی از اهرم های کنترلی حکومت در این زمینه است. مالیات باید بر طبق قانونی شفاف مبتنی بر عدالت وضع گردد.

اصل پنجاه و دوم:
بودجه سالانه کل کشور به ترتیبی که در قانون مقرر می شود از طرف دولت تهیه و برای رسیدگی و تصویب به مجلس شورای اسلامی تسلیم می گردد. هر گونه تغییر در ارقام بودجه نیز تابع مراتب مقرر در قانون خواهد بود.

نقد پنجاه و دوم:
بودجه ی کشور باید با جزییات و بصورت کاملا شفاف تهیه و علاوه بر مرجع رسیدگی در اختیار عموم از طریق رسانه های جمعی قرار گیرد. دلایل اختصاص بودجه به نهادهای مختلف و پیش بینی میزان بهره وری از آنها باید ذکر گردد. فارغ از بحث بودجه هزینه های جاری و ثابت و اموال و منابع مورد استفاده و طراز مالی وزارتخانه ها و نهادها و سازمانها و بنگاه های اقتصادی باید بطور شفاف با جزییات بصورت جامع از طریق وبگاهی در اختیار عموم قرار داشته باشد. مجلس باید متشکل از متخصصان حوزه های مختلف باشد و مرجع رسیدگی باید بر اساس حق مسایل را رسیدگی نماید و نه دین یا معیارهای دیگر.

پایان جلد اول

www.ingramcontent.com/pod-product-compliance
Lightning Source LLC
Chambersburg PA
CBHW030017190526
45157CB00016B/3037
9781089580836